도시 심리학

도시 심리학

심리학의 잣대로 분석한 도시인의 욕망과 갈등

하지현 지음

정신과 전문의, 건국대 의대 교수

이 도시에 살고 있는
나의 심리가 궁금하다

　대한민국의 현재를 사는 사람들을 얘기할 때 결코 빼놓아서는 안 되는 것이 '도시의 삶'이다. 도시라는 '하드웨어'는 인간의 삶이라는 '소프트웨어'를 판이하게 바꿔놓고 있다. 하루 24시간 동안 끊이지 않고 뭔가가 일어나고, 도시와 도시의 간격은 점점 더 좁아지고 있으며, 언제 어디서나 무엇이든 빨리빨리 이루어져야 사람들은 만족한다. 도시의 속도를 따라 도시인의 욕망도 진화한다. 자본주의적 삶은 인간의 욕망에 충실할 수 있도록 진화·성장하고 그것은 어느덧 미덕이 되어 버렸다.

　정치학과 사회학, 혹은 경제학을 전공하는 사람들은 '세계자본주의', '신자유주의', '국제화', '88만원 세대' 등 다양한 용어와 이론으로 도시를 분석하고 정책적 대안을 논의하지만 정신과 의사인 나는 정신분석학과 심리학을 아우르는 현미경으로 이 도시 곳곳을 들여다보려 한다.

소풍 때나 먹던 김밥은 어느새 '천 원 김밥'으로 변형되어 새벽이든 낮이든 누군가의 허기를 때우고, 과학과 정보기술(IT)로 무장한 신세대가 이전 세대들이 했던 것처럼 점집을 찾아 운명을 내맡긴다. 코만 조금 높이고 턱만 살짝 깎으면 인생 역전이 가능할 것이라는 환상, 노량진과 신림동의 고시촌에서 한 방을 노리며 청춘을 보내는 고시족의 심리, 개인정보 누출에 지대하게 신경 쓰면서도 술 마신 뒤 차를 대리운전 기사에게 맡기고 코골며 자는 남자들의 이중잣대…….

이 모든 것이 내 눈에는 신기한 연구거리다. 우리나라에 현대적인 도시가 들어선 지 백 년도 채 안 된 지금, 이제는 더 이상 '조용한 아침의 나라'라고 부르기 어렵다. 매일 신문과 잡지, 방송은 수많은 사회현상에 대해 그 이상의 해석들을 쏟아낸다. '개인주의', '자본주의' 등등의 '주의'에 "아, 맞아, 맞아" 하고 고개를 끄덕이기는 하지만 상상치 못했던 사건이 벌어지고 나면 그 원인을 찾아내기 전까지 불안한 마음이 사라지지 않는다. 그런데 매일 신문을 장식하는 사건들의 큰 흐름과 원인들, 그것으로는 뭔가 미흡하지 않은가. '집단 속의 나'가 궁금하지 않은가. 결국 중요한 것은 '나 자신'이니 말이다.

북쪽으로 날아가는 기러기 떼가 삼각형의 대열을 유지하는 이유도 알고, 그것이 그들의 본성이라는 것도 우리는 이제 안다. 그러나 맨 앞에 날아가는 기러기의 고독, 중간에 쳐져서 허덕이는 기러기의 우울함, 다른 곳으로 가고 싶어 전전긍긍하는 젊은 기러기의 충동성은 망원경으로 파헤치기 어렵다. 그렇듯 하나하나의 마음 안을 돋보기로 살

삶이 뒤져봐야 도시에 살고 있는 나의 속내를 비로소 알 수 있다.

원래 도시의 삶이란 이런 것이고, 너만 힘든 게 아니니까 참고 살라는 말은 도무지 무책임하다. 사회현상을 병리적으로 해석하기만 하는 것도 마찬가지다. 그보다 이 안에 사는 '나'라는 개인, '너'라는 타인의 마음을 이해하는 것이 결국 관계와 집단, 더 나아가 사회와 도시가 조금 더 행복한 곳으로 바뀔 수 있는 거름이 될 것이라 믿는다. 도시에서 숙명적으로 살아가고 있는 현대인 개개인의 마음을 알고 싶다. 너나 나나 모두 이 도시라는 공간적 환경변수에서 자유롭지 않기 때문에.

너를 이해하면 그 안에서 나를, 나를 돌아보면 그 안에서 그의 본질을 발견할 수 있으리라는 희망이 생긴다. 거기서 위로받고 싶은 고통과 우울감의 본질을 알고 싶다. 그래야 조금이라도 치유될 수 있고, 뒤틀린 관계와 존재의 벡터 값을 일 센티미터라도 더 행복해질 수 있는 방향으로 조정할 수 있을 것이니 말이다. 좀 더 나은 삶, 덜 퍽퍽한 삶, 살 만하다고 느낄 빈도가 잦아지는 공간을 만들기 위한 노력을 거기서부터 시작하자.

모든 사람이 다 제각각의 사연을 갖고 있어, 개개의 사정을 알아내기 어렵다는 점에서 매일 지나치는 수많은 이미지들에 투사되어 수놓아져 있는 도시인의 심층 심리를 역으로 거슬러 올라가려고 한다.

풀옵션 원룸임대, 원두커피가 대세임에도 가끔씩 생각나는 커피믹스의 달달한 중독성, 불야성을 이루는 모텔촌의 네온사인, 폭탄주를 돌려야 비로소 만남이 숙성되는 듯한 비즈니스 현장, 선팅을 진하게 한 검정색 대형 승용차와 떼인 돈을 대신 받아준다는 플래카드······ 도시에서 볼 수 있는 관계와 소통, 생각과 느낌은 이런 표층의 이미지들에 버무려져 투사되어 있다. 이들을 시작으로 거꾸로 파헤쳐 심층 심리를 분석한다면 결국 무엇이 우리를 힘들게 하고 외롭게 하는지, 먹어도 먹어도 배고픈 정서적 허기의 실체가 무엇인지 알 수 있을 것이다.

꽁꽁 숨겨놓고 위에 댓돌까지 올려놓은, 보고 싶지 않은 그 무언가를 찾아내는 비밀의 문이 대한민국의 콘크리트 숲, 아스팔트 밑 여기저기에 널려 있다. 그 문이 어디 있는지 몰라서, 어떻게 열어야 하는지 알지 못해서 매일 지나쳤을 뿐.

머글의 세계에서 마법사의 세계로 들어가는 문이 런던 킹스크로스역 9와 3/4 플랫폼에 있듯이 이 거대한 도시 밑바닥에 숨어 있는 심층 심리로 들어가는 문을 함께 열어보도록 하자. 무엇이 우리를 짓누르고 있고 우리의 삶을 지배하고 있는지, 무엇 때문에 괴로운지 그 속살을 한번 보자. 지금부터 시작이다.

2009년 5월
하지현

| 차례 |

작가의 말 이 도시에 살고 있는 나의 심리가 궁금하다 4

1장 소통의 부재

전화보다 문자메시지가 편한 시대 소통이 아닌 통보의 커뮤니케이션 13
우리는 하나다, 폭탄주를 마시면…… 가성 친밀감 26
다문화가정을 순순히 받아들이기 어려운 이유 타자에 대한 거부감 34
믿으면 천국행, 믿지 않으면 지옥행? 잊을 수 없는 대양감 44
영어라면 무조건 오케이, 예스맨의 두 얼굴 열등감과 공격성 56

2장 자아의 두 얼굴

그래도 가끔은 자판기 커피가 그립다 개성화와 사회화 69
새로운 노인 세대가 등장했다 나이듦의 양극화 81
인생이 달라질 거예요, 코만 높이면…… 신체이미지와 변신환상 93
조직폭력배는 무서워도 누아르 영화는 좋은 이유 내 안의 원초적 공격성 103
와인 한 잔, 어때? 개별적 취향의 존중 114
죽도록 괴로운 일로 자살하는 사람은 많지 않다 자기애적 폭력 125

3장 욕망의 가속도

사주카페가 성행하는 두 가지 이유 욕망의 브레이크와 액셀러레이터 137

지름신이 강림하시는 바람에…… 자기합리화를 위한 투사 기법 146

고시, 인생 역전의 한 방 나는 꼭 붙을 거라는 믿음, 귀인오류 155

24시간 연중무휴 본능은 즉각적 만족을 원한다 164

생면부지의 타인에게 목숨을 맡기는 대리운전 쾌락원칙의 승리 173

돈으로 몸을 사는 사람들 멈출 수 없는 섹스 중독 179

4장 관계의 소용돌이

노래방에서 부르는 노래는 따로 있다? 사회적 정체성의 규정 191

"떼인 돈 찾아드립니다" 복수의 심리학 200

정(情)을 채우는 사람들 정서적 허기 209

기러기 아빠, 자아실현의 자폭 현상 이 시대의 가족자아 219

피로, 학교로, 고향으로 뭉쳤다 자기확신감의 부족 229

1장
소통의 부재

전화보다
문자메시지가
편한 시대

소통이 아닌 통보의 커뮤니케이션

"자폭직전 님이 로그인 하셨습니다."

'띵동' 하고 오른쪽 하단의 박스가 떴다. 며칠 전까지만 해도 '적진 돌파'가 대화명이던 후배 찬형이었다. 양가의 반대를 뚫고 결혼해 보려고 무진 애를 쓰고 있는 친구인데 뭔가 잘 안 되고 있는 모양이었다. 걱정이 되어 메시지를 보냈다.

"잘 안 됐니?"

"네……."

"힘들겠다……. 소영 씨는?"

"울고불고 난리도 아니에요."

찬형은 평소에도 이런 식으로 자기 기분이나 상황을 대화명으로 표현한다. 나도 가끔은 그렇다. 공부를 좀 해야 할 때에는 '용맹정진'으로, 기분 나쁜 일이 있을 때에는 '건드리면 다 죽어'로 바꾸며 기분을 전환한다. 사람들은 때로 대화명에 기분을 표현하고 자기의 계획을 써놓기도 한다. 상대방은 이 대화명을 보고 상대방의 현재 상태를 파악할 수 있고, 그래서 생뚱맞은 말을 건네지 않을 수 있다. 이때 휴대전화로 문자가 왔다.

'시간 날 때 전화 부탁합니다.'

같이 학회 일을 하는 선생님이 보낸 문자였다. 세미나 관련 문제 때문인 듯했다. 나는 전화를 하기 전에 관련 메일을 열어 이번 학회의 주제를 먼저 살펴봐야겠다고 생각했다.

도망갈 곳 없는 관계의 촘촘함

언제부터인가 전화로 직접 얘기하면 될 일을 문자메시지나 인스턴트 메신저로 해결하게 되었다. 솔직히 그게 더 편하다. 하루 정도 시간 여유가 있는 일이면 이메일을 보내놓고 기다린다. 이제 우리의 관계와 일상은 인스턴트 메신저와 휴대전화 문자로 촘촘히 엮여 있다.

처음에 이들이 등장했을 땐 그저 새로운 소통 방법이라고만 생각했다. 그런데 어느새 안방을 차지한 형국이 되었다. IQ와 EQ를 넘어 네트워크 지수를 NQ라고 하며 자기계발의 주요한 요소라고 주장하는 사람도 있다. 바로 옆방에 있는 사람에게 문 한 번 두드리고 잠깐 얘기하면 될 일인데 전화를 하거나 이메일을 선택한다. 타인에 대한 지나친 존중과 배려심의 발로인가? 그것만으로는 설명이 안 된다. 이제 휴

14

대전화를 끄고, 인스턴트 메신저는 '자리 비움'으로 전환하고 생각의 바다로 들어가보자.

사람들은 명함을 주고받으며 자기 영역을 분명히 한다. 내가 하는 일은 무엇이고, 나는 어떤 조직에 속해 있다고 말이다. 이런 관계 맺기를 반복할수록 '자기 영역 지키기'는 심화된다. 개들이 길거리를 가면서 자기 영역을 표시하기 위해 오줌을 누듯이 사람들도 보이지 않는 심리적 안전공간을 확보하기 위해 노력한다.

다른 영역의 사람들과 접촉의 기회가 많아질수록 내 영역을 확실히 해야 할 필요성은 커진다. 상대방 역시 누군가 자신의 영역에 준비되지 않은 상태로 들어오는 것을 싫어한다. 하지만 혼자서는 불가능한 도시의 삶, 영화배우 케빈 베이컨(Kevin Bacon)의 여섯 단계 이론과 같이 모든 이들이 관계의 그물망 안에 엮여 있고 쉴 새 없는 상호작용 안에 살고 있다.

몇 년 전 카이스트에서 조사한 바에 의하면 한국인은 여섯 단계가 아니라 3.5단계면 다 엮인다고 한다. 그렇다면 같은 도시에서 살고 있는 비슷한 나이라고 치면 현실적으로는 대략 '두 다리 건너면 다 아는 사이'다. 그래서 처음 만나는 사람들끼리 "어느 학교 나왔어요, 어디 사세요, 누구 아세요?"라는 말을 건네도 서로가 사생활 침해라고 여기지 않는다. 일상적인 질문 중 하나일 뿐이다.

이 도시에서의 관계는 긴밀하게 엮여 있어 도망갈 곳이 없다. 좁은 땅덩이다 보니 익명성을 보장받지 못할 때도 많고, 그렇기 때문에 사람들은 불필요한 접촉을 피하고 자기만의 영역을 유지하려고 애쓰게 된다. 남자 화장실에서 소변기에 설 때 띄엄띄엄 공간을 확보하는 것도, 빈 지하철의 좌석을 양 끝부터 채우고 듬성듬성 앉게 되는 것도 모두 개인공간을 확보하려는 노력의 하나다. 소통에 있어서도 내가 마음대로 조절할 수 있는 여유와 개인공간은 같은 맥락에서 소중하다.

비동시적 커뮤니케이션의 비약적 발전

전화기가 귀하던 시절, 공중전화는 사람들을 연결해 주는 메신저였다. 공중전화 앞에서 자기 차례를 기다리다 박스 안에서 하염없이 수다를 떠는 사람 때문에 분통이 터져서 닫힌 문을 흔들며 "거참 빨리 용건만 간단히 얘기합시다!"라고 소리를 지르다가 큰 싸움으로 번지는 일이 비일비재했다. 이후 공중전화 박스 근처에서만 휴대전화 기능이 있던 시티폰이라는 것이 등장했을 때, 사람들은 감동의 눈물을 흘리지 않을 수 없었다.

한편 휴대전화를 공짜로 언제든지 개통할 수 있는 지금과 달리 이전 10대들의 '로망'은 자기 방에 개인 전화기를 두는 것이었다. 자기만의 사생활이 무엇보다 중요한 시기인 10대에 친구와 직렬 연결을 할 수 있는 개인 전화기는 참으로 갖고픈 물건이었다.

10대가 아니더라도 개인 전화기에 대한 욕망은 누구에게나 있었다. 집에 전화가 한 대밖에 없던 시절에는 연애를 하기도 힘들었다. 여자 친구에게 연락을 하려고 하면 그 시간에 집에 있을지, 나를 탐탁지 않게 여기는 부모가 받지는 않을지, 만일 그들이 받는다면 뭐라고 얘기해야 할지 많이 고민해야 했다. 전화를 했는데 기대하지 않던 사람이 받았을 때에는 얼마나 당황스러운지 도대체 뭐라고 얘기해야 할지 긴장돼서 일단 수화기를 내려놓아버린 적도 한두 번이 아니었다. 그러다 보니 전화를 몇 시쯤 할지 미리 정해놓기도 했다.

그런 삶을 살던 중에 나타난 무선호출기, 일명 '삐삐'는 일대 복음이었다. 둘만의 관계를 알리고 싶어하지 않는 사람들에게 호출기와 이메일의 탄생은 불의 발견만큼이나 혁명적인 변화였다. 더 나아가 호출기는 예측하지 못할 일이 벌어질 가능성을 획기적으로 줄였다. 번호와 시간을 보면 대강 누가 왜 나를 부르고 있는지 예상하고 미리 준비할 수 있기 때문이다. 무작정 전화가 오기만을 기다리며 전화기 앞에 무릎 꿇고 앉아 밤을 지새우던 예전에 비하면 엄청난 진보였다.

그런데 이번에는 휴대전화가 등장했다. 휴대전화는 더 빠르고 즉각적이며 더욱 개인적 물건이다. 이런 휴대전화의 등장에는 양면성이 있다. 사람들에게 휴대전화로 통화할 때 가장 불쾌한 말이 무엇이냐고 물으면 대부분 "지금 어디야?"라는 말이라고 한다. 언제 어디서든 터지는 휴대전화를 손에 들고 있는 이상 감시받는다는 생각에서 벗어날 수 없기 때문이다. 일단 벨이 울리면 어찌 되었든 처리해야 한다는 즉각 응대의 어려움은 긴장을 잉태한다. 휴대전화가 편리하지만 불편한 이유가 여기 있다.

커뮤니케이션은 시간성이란 측면에서 동시성과 비동시성으로 나눌 수 있다. 전화나 대면접촉은 동시적(synchronous) 커뮤니케이션이다. 의사소통이 즉각적으로 이루어져야 한다. 상대방이 공을 날리면 쉬지 않고 바로 받아쳐야 하고, 온몸의 촉수를 곤두세워서 목소리 톤이나 속도, 몸짓이 던지는 정보를 집약적으로 해석해서 반응을 보여야 한다. 이런 일은 정확한 소통을 할 수 있게 돕는다. 많은 정보를 동시다 발적으로 받아 실시간으로 반응해야 하므로 많은 에너지를 소모해야 하고 실수하지 않기 위해 긴장해야 한다.

사람들은 행동함에 있어서 경제적으로 효율성을 추구한다. 그래서 느리지만 편하고 에너지가 덜 드는 비동시적(asynchronous) 커뮤니케 이션을 본능적으로 선호하게 된다. 이는 보통 이메일, 편지, 문자메시 지, 인스턴트 메신저를 통해 이루어진다. 이 경우 상대방이 보낸 정보 를 일단 접수한 후 잠시나마 생각을 할 여유를 가질 수 있다. 그리고 나 름 생각하는 최선의 선택을 해 정보를 보내면 된다.

얼마나 편한가? 비록 몇 분이면 끝날 얘기가 며칠 동안 여러 통의 이메일이 오고가서야 해결되거나 수십 분 동안 메신저로 말을 주고받 아야 하는 수고가 따르기는 하지만, 당황하지 않아도 되고 상대방이 뭔가를 요구하더라도 바로 답변하지 않아도 된다는 것은 무엇과도 바 꿀 수 없는 소중한 장점이다.

귀보다 눈으로, 입보다 손으로

얼마 전 병동 회진을 돌고 있을 때, 모 일간지의 기자가 내 휴대 전화로 전화를 했다. "제가 지금 회진 중이라 전화가 힘듭니다. 잠시 후에 다시 걸겠습니다"라고 답을 했더니 그 기자는 대뜸 "제가 지금 바 쁜데요, 그냥 얘기하면 안 될까요?"라며 다짜고짜 본인의 사정부터 말 했다. '누군 안 바쁜가' 하며 약간 화가 났지만 꾹 참고 잠시 후 통화하자며 끊었다. 회진이 끝난 다음에 전화를 해서 이런저런 정보를 알려주며 필요한 파일을 곧 보내주겠다고 했더니 이번에도 "좀 있으면 나가야 해서요, 바로 보내주세요"라고 말하며 끊는 것이다. 순간, 보내주려던 파일을 다 지워버리고 싶었다.

내가 자리에 앉아 있지 않다는 것을 어림짐작으로 알면서 바로 보내달라는 말을 하는 그의 마음속이 궁금했다. '참을 인' 자를 다섯 개쯤 새기면서 메일을 보내준 뒤 곰곰 생각해 봤다. 그가 무척 바쁘고 마감에 목매다는 나름 힘든 인생을 살고 있다는 것을 이해는 할 수 있다. 그럼에도 화를 진정시킬 수 없었던 이유는 내가 규정한 시간의 흐름에 허락받지 않은 자가 끼어들었기 때문이다.

동시적 커뮤니케이션은 미리 약속을 하고 준비를 한 뒤 만났을 때에야 원활한 소통이 가능하다. 서로 그 만남을 위해 자신의 시간을 허락했기 때문이다. 그러나 휴대전화는 그런 여유를 주지 못한다. 발신자 표시가 있다 하더라도 마음의 준비를 할 시간은 전화벨이 울리는 몇 초 정도다. 그 시간 안에 전광석화와 같은 속도로 왜 이 사람이 지금 이 시점에 전화했는지 예측해야 한다. 좀 느린 사람들은 허둥대다가 실수하거나 후회하는 일을 반복할 뿐이다.

기자의 전화는 전혀 예측하지 못한 일이었다. 갑자기 끼어든 무례함에 나는 정당하게 반응할 수 없었다. 병원 홍보라는 목적 때문에 당장 끊어버리거나 화를 내지 못하고 공손히 응대해야 했다. 바로 그런 면이 스트레스를 급격히 상승시키고 내 자존심에 생채기를 냈다.

나 또한 다른 사람과 소통해야 할 상황이 생기면 전화를 하기 전에 휴대전화로 문자를 보내 그의 상황을 알아보는 버릇이 들었다. 하지만 어쩔 수 없는 상황은 생긴다. "바쁘니?"라며 친구가 느닷없이 메신저로 메시지를 보낼 때 그냥 무시하거나 "바빠"라고 매몰차게 답하는 것은 전화로 바쁘다고 하는 것보다 더 힘든 일이다.

이번에는 소극적으로 방어한다. 컴퓨터의 메신저 상태를 '바쁨'으로 표기해 놓는 방식이 있지만 그것보다 '자리 비움', '오프라인'으로 보이게 설정해 놓는다. '소극적 수준의 겸손한 무례'지만 허용할 수 있는 최선의 타협이다.

한 고등학생이 와서 하소연을 한 적이 있다. 친구들이 자기를 '차단' 시켜놓고는 "우리 요즘 그 사이트 안 가"라고 했다는 것이다. 그런데 PC방에서 우연히 친구들이 자기들끼리는 몰래 메신저를 하고 있고, 자기 아이디만 '차단'했다는 것을 알았다. 이것을 세칭 '사이버 왕따'라고 한다.

이런 일을 당한 후 우울증상이 생겨 병원을 찾아온 10대 청소년이 의외로 많다. 이야기를 듣다보면 나 역시 누군가에게 '차단'된 것은 아닌가 하는 피해의식이 생기고 한편으로 이것이 나의 사람농사 성적표라는 자괴감이 든다.

누구나 자기 영역을 방어하고자 하는 욕구가 있듯이 상대방도 그런 마음을 가질 수 있다는 것을 알아야 한다. 그리고 이런 일은 오프라인에 비해 사이버 공간에서 훨씬 은밀하게 진행된다. 은밀하고 소극적 방법을 취하지만, 그 아픔은 오프라인에 비해 작지 않다. 사이버 공간만은 안전하고 우호적일 것이라 여겼던 기대가 산산이 부서지기 때문이다. 따뜻하고 정이 넘치는 것까지를 기대한 것은 아니지만 그래도 자신이 원하는 만큼 언제든지 원하는 시간에 관계를 맺고 끊을 수 있

을 것이라 여겼던 그곳도 위험하기는 매한가지라는 것을 확인하는 순
간에 드는 상실감은 더 클 수 있다. 누가 나를 따돌리고 있다는 것을 확
인하고 인정하는 순간의 아픔은 눈앞에서 거절당하는 것 이상의 아픔이
될 수 있다.

실연의 재확인, 인터넷 블로그

몇 주 전 남자친구와 헤어진 20대 아가씨가 상담을 받으러 왔다.
'우린 잘 안 맞는 것 같아. 미안'이라는 문자메시지 한 줄로 이별을 통
보받은 다음부터 가슴이 먹먹하고 숨을 쉴 수 없다고 했다. 머리가 터
질 것 같고, 잠을 잘 수 없어서 하루 종일 헤어진 남자친구의 미니홈피
를 기웃거릴 뿐이었다. 그가 자신을 '일촌'에서 제외하지 않은 것은 미
련이 남아서라고 굳게 믿었고 '옛날이 좋았어'와 같은 '오늘의 느낌
글'이 올라오면 '다시 시작할 수 있을 것'이라고 기대하며 기뻐했다.

이런 일희일비는 그가 새로 사귄 여자친구와 찍은 사진을 보면서 산
산이 부셔져버렸다. 더욱 힘든 것은 그 여자친구가 '벌써 사진을 올렸
네'라고 올린 댓글을 보고 그녀의 미니홈피까지 들렀다가 자신과 헤어
지기 전에도 이미 두 사람이 사귀고 있었다는 것을 확인했을 때였다.
그녀는 분노와 치욕감, 좌절감이 치밀어올랐다.

"눈앞에서 두 사람이 손을 잡고 키스를 하는 것을 봤더라도 이렇게
힘들지는 않았을 거예요."

그녀는 눈물을 참지 못했다. 나는 그녀에게 미니홈피 계정을 없애버

리고 한동안 접속을 하지 말라고 처방했다. 일주일 후 그녀는 조금 나아진 얼굴로 나타났다. 나는 내 처방대로 했다고 생각해 자부심을 갖고 물었다. 그러나 그녀의 대답은 의외였다.

"차마 계정을 지울 수 없었어요. 그 친구랑 사귀는 동안 찍은 사진을 열어서 하나하나 다시 봤어요. 일주일 동안 그러다가 왔어요. 마음이 좀 편해졌어요. 언젠가는 다시 돌아오겠죠."

분노보다는 기약 없는 희망을 갖는 쪽으로 마음을 튼 것이 그녀의 자가처방이었다. 그녀에게는 직접 찾아가서 그의 마음을 확인할 용기도, 자신이 느낀 배신감을 퍼붓고 잠시라도 속 후련해 할 만한 배짱도 없었다. 그저 사이버 공간에 마련한 두 사람만의 공간에 머무르며 미련의 동아줄을 배배 꼬고 있을 뿐이다. 그것으로 상처를 덮고 보지 않으려 하는 것이다.

사람은 누구나 상처받을 수 있다. 가까운 사이에서 받은 상처일수록 아픔은 더 크다. 그런 두려움은 가급적 친한 사이라 하더라도 상대를 배려하게 만든다. 그래서 요즘은 낮 시간에 전화를 하면 먼저 "지금 통화 가능해?"라고 묻게 된다.

비동시적 커뮤니케이션 방법은 안전하지만 한편으로는 비효율적이어서 부작용도 발생한다. 주고받는 정보의 양은 기하급수적으로 늘어나고 결정을 내릴 때까지 걸리는 시간이 갈수록 길어진다. 게다가 문자를 중심으로 오고가는 소통이다 보니 목소리, 얼굴 표정 등이 던져주던 만큼의 풍부한 정서는 느끼지 못한다. 그런 모자람을 대신 채우기 위해 이모티콘도 사용하고 길게 글을 쓰고 농담을 하기도 하지만 목소리만 들어도 알 수 있었던 깊은 정서적 교감은 기대하기 힘들다.

그럼에도 문자 없이 살 수 없는 새로운 세대가 등장하고 있는 것은 피할 수 없는 현실인 것 같다.

내 곁에 있어줘, 영원히

모 신문에서 얼마 전 시행한 설문에 의하면 1318세대의 하루 평균 문자 건수는 98.3건이고, 메신저 친구 수는 16.4명이었다. 1318세대와 1924세대가 가장 무서워하는 체벌은 인격비하 발언이 1위, 2위가 휴대전화를 빼앗기는 것이었다.

아이는 자신의 마음속에 엄마가 내재화되기 전까지는 엄마가 눈에 보이지 않으면 불안해 한다. 서너 살이 되면 엄마가 항상 같이 할 수는 없다는 현실감각 덕분에 그런 원초적 불안은 줄어들지만 아예 없어지는 것은 아니어서 대안으로 엄마 대신 자기가 좋아하는 물건을 들고 다니기를 즐긴다. 만화 〈스누피〉의 라이너스가 담요를 쥐고 돌아다니듯이 말이다.

도널드 위니콧(Donald Winnicott)은 이행기 대상(transitional object)이라는 말로 이를 설명했다. 현대 도시의 젊은이들에게는 휴대전화가 바로 그 기능을 해주고 있다. 휴대전화를 쥐고 있는 동안만큼은 안정감을 느끼고 어딘가에 소속되어 있고 누군가와 연결되어 있다는 기분을 느끼는 것 같다.

문자로 소통을 하는 청소년과 젊은이들은 이제 휴대전화 없는 삶을 상상할 수 없다. 그러나 휴대전화를 통한 소통에는 한계가 있다. 문자메시지를 통한 대화는 인격적으로 모욕당할 위험을 줄여주어 상대적으로 안전할 수 있지만, 깊은 공감의 울림은 포기해야 한다는 단점이 있다. 따라서 담요는 담요일 뿐 진짜 엄마는 아니라는 것을 깨닫는 순간 당황하게 된다.

어쩔 수 없는 현실임을 받아들이고 마음 안에서, 또 현실에서 대체할 대상을 찾으면 안정을 되찾을 수 있다. 아이는 마음 안에 엄마의 이미지를 담아두는 것으로 이행기 대상을 간직하고픈 불안을 극복한다. 도시의 소통도 휴대전화나 메신저를 뛰어넘어 인간에 대한 근본적 신뢰를 통해 안전감을 얻을 수 있을 때 진정 풍요롭고 충만한 인간관계를 만들 수 있다.

테크놀로지는 우리가 원하는 방향으로 발달했다. 편하고 빠르고 이기적이면서도 욕을 먹지 않을 수 있는, 그러면서도 안전해서 상처받지 않을 수 있는 방향으로 말이다. 그러나 인간관계의 본질은 지연과 둘러감은 있어도 변화는 없다. 그러니 좌절은 깊어간다. 테크놀로지가 발달할수록 방법은 많아지고 거리는 가까워지고 시간의 제약은 없어졌다. 그런데 여전히 외롭다. 어떨 때에는 그 이전보다 더 외롭다. 쓸쓸함의 무게는 두꺼워지고 옵션만 많아진다. 메신저와 휴대전화로 무장한 삶의 외로움은 이렇게 두꺼워져간다.

이제 휴대전화의 전원을 다시 켜고 메신저를 '온라인'으로 바꿨다. 침잠을 하고 싶을 때에는 내가 임의로 조정을 할 수 있다는 것, 참 좋은 일이다. 이제부터는 다시 돌아와 내 외로움의 두께를 얇게 만들기 위한 노력을 시작하려 한다. 한잔하자고 부를 사람 없는지 전화번호부를 뒤져 문자를 보낼 친구를 찾아본다. 정말로 '자리 비움'인지 아닌지 확인하느라 괜히 "뭐해?"라는 질문을 던져본다. 메아리 없는 외침으로 밤은 깊어가고, 배는 고파온다. 외로움은 켜켜이 그 겹을 더해간다.

우리는
하나다,
폭탄주를
마시면……

가성 친밀감

처음에는 폭탄주를 왜 마시는지 이해할 수 없었다. 그런데 몇 번 마시다보니 그 묘한 매력에 빠져버렸다. 폭탄주를 한 잔 마시지 않으면 모임이 절정에 다다르지 않은 것 같은 아쉬움을 느끼게 되었으니 말이다. 괜히 망설이다가 새벽 한두 시가 넘어서 한 잔 더 마시러 가게 되는 날은 대부분 폭탄주가 빠진 날이었던 것 같다. 회식을 할 때에도 누군가 들고 온 양주 한 병을 꺼내면 순간 긴장이 흐르지만 분명한 것은 폭탄주를 한두 순배 돌리고 나면 예외 없이 분위기가 급격히 화기애애해진다는 것이다.

분위기가 조금 썰렁한 듯하거나, 서로 주저하면서 어색해하는 느낌이 들면 "진도 나가죠"라고 먼저 말을 하고 소주에 맥주라도 타서 '소맥' 폭탄주를 돌려 마신다. 그러면 몇 분 안에 묘하게 방 안에 떠돌던 어색함이 눈 녹듯 사라지는 마법이 벌어진다. 폭탄주는 관계의 경직을 해결해 주는 효과적인 촉매이자 촉진제다.

폭탄주는 사람들의 관계 맺기에서 중요한 역할을 한다. 공식적인 자리이거나 다양한 사람들이 처음 만나는 낯선 자리에서 어색함을 녹이는 데에는 그만한 돌격대가 없는 것 같다.

흡수가 빠른 만큼 심해지는 거부감

이온음료가 물보다 흡수가 빠르다고 주장하듯 맥주와 양주가 섞이면 탄산이 섞여 양주만 마실 때보다 흡수가 빠르다고 알려져 있다. 게다가 둘을 적당히 섞으면 알코올 도수가 15도 내외로 조정되어 가장 부담 없이 마실 수 있는 농도가 되는 쾌거까지 이룩한다.

폭탄주 문화는 비빔밥 문화에 익숙한 한국만의 특수한 현상인 줄 아는 이가 많지만 사실은 그렇지 않다. 위스키의 종가 스코틀랜드에서도 뎁스 차지(depth charge, 잠수함을 잡기 위해 배에서 물밑으로 떨어뜨리는 폭뢰)라는 폭탄주를 만들어 먹는다. 대개 젊은이들이라는데 1파인트의 맥주에 위스키 한 잔 정도를 섞는다고 하니 우리의 폭탄주와 비슷한 느낌일 듯하다.

폭탄주가 좋은 것은 빠르게 취하기 때문만은 아니다. 폭탄주에는 관계 맺기의 약점을 보완해 주는 면이 있다. 무엇보다 폭탄주를 마시는 방식이 매우 평등하다. 누구는 많이 마시고 누구는 적게 마셔서 나중에 진도 차이가 나는 것을 사람들은 싫어한다. 일상에서 우리는 병적일 정도로 너와 나는 평등해야 한다고 여긴다. 능력의 차이를 인정하기는 하지만, 만일 평등한 기회가 주어지지 않았거나 불공정한 일이 벌어지면 과도하리만치 강한 반발을 불러일으킨다.

남자들이 군대 문제에 예민한 것도 이런 심리가 밑바닥에 있기 때문이다. 그래서 정치인의 자식이 군 면제를 받은 것에 분노하고, 연예인이나 운동선수에 대해서도 군 문제만큼은 결벽적인 잣대를 들이댄다. 식당에서도 옆 사람보다 먼저 왔는데 음식이 늦게 나오는 것을 참지 못하고, 심지어 응급실에서도 순서에 따르지 않고 위급한 사람부터 치료하는 것에 강력히 항의하며 난동을 부린다.

술자리도 예외가 아니다. 술자리에서 평등주의를 몸소 실현하는 것이 바로 '폭탄주 분배 문화'다. 다 같이 한 잔씩 하거나 순서대로 예외 없이 돌아간다. 사람들은 한 번에 쭉 들이켜고 다 마셨다는 소리를 내거나 빈 술잔을 머리 위에 털어서 다 마셨다는 것을 증명한다. 투명한 평등주의적 자세를 집단의 힘으로 강제하는 것이 바로 폭탄주 문화의 핵심 중 하나다.

모두가 툴툴거리면서도 평등함과 공정함이라는 이름으로 술을 별로 즐기지 못하는 사람에게 가해지는 폭탄주 세례를 지켜보며 박수를 친다. 일상생활 속에 드러나는 관음증의 예이기도 하다. 평등을 가장한 집단적 압력의 표현이기도 하다.

섞어라, 마셔라, 이제 뭉쳐라!

평등주의의 실현은 다음 단계로 넘어간다. 이제 '우리는 하나'라는 동질성이다. 집단 내 결속을 강화하면서 개인적 취향이나 차이를 일시적으로 인정하지 않는다. 모두가 한 가지 의제, 즉 '폭탄주를 다 같이 순서대로 마신다'에 찬성했다는 것, 술이 약한 사람이 뻗어서 실려나가는 것, 실수에 대한 개인적 죄의식을 공범의 관점에서 공유하며 희석시키는 것, 이 모든 것으로 인해 동질성은 강화된다.

알코올은 대뇌의 충동억제능력을 무장해제시키는 기능을 한다. 체내 알코올 농도가 올라가면서 어색함, 도덕심, 눈치보기 등은 수그러들고 사람들은 충동적이며 공격적인 원초적 본능에 아주 빠른 속도로 충실해진다. 이렇게 집단 퇴행 상태에 빠지면 동질성을 확인하는 과정은 더욱 빠르게 진행된다.

그런데도 찝찝함은 여전히 어느 한구석에 남는다. 하나가 되는 '합침'의 경험은 일시적으로 좋은 느낌도 주지만 한편으로 불안을 생성하기도 한다. 폭탄주를 주고받는 상황의 핵심에 친밀함과 개인의 정체성 유지라는 관계의 딜레마가 놓여 있기 때문이다.

사실 폭탄주를 나누는 사람들의 면면을 살펴보면 이들은 그다지 서로 친하지 않고 또 별로 친하고 싶어하지도 않는 관계일 때가 많다. 이들은 여러 이유로 서로간에 '우리는 친하다'라는 최면을 걸어야만 하는 상황에 처해 있는 경우가 많다. 사업을 성사하기 위해서, 처음 만난 거래처들끼리, 조직 개편으로 새로 만들어진 부서원끼리 본능적으로 친해질 필요성을 느끼기 때문이다.

통상적인 방법으로 친해지기 위해서는 오랜 시간 공유하는 기억들을 쌓아야 한다. 많은 대화를 나누며 각자의 취향을 점검하고 서로의 성격적인 면의 궁합을 맞추는 시간이 필요하다. 이런 방법은 정공법이기는 하나 시간이 오래 걸리고, 자칫 서로 갈등만 키워서 '저 인간 함께할 사람이 못 되네'라는 인상을 줄 위험이 있다. 하지만 이들에게는 일을 위해서 무조건 일단 '가까워졌다'라는 느낌을 가질 절대적 당위성이 있다. 바로 이때 폭탄주가 필요한 것이다.

한 정신분석학자가 '알코올은 초자아를 녹이는 용액'이라고 말한 적이 있다. 초자아에는 죄의식, 도덕심만 있는 것이 아니다. 타인을 바라보는 경계심과 긴장감도 포함되어 있다. 술은 그런 경계심을 녹여서 사람과 사람 사이의 거리를 좁혀준다. 친밀감(intimacy)이란 거리감이 급격히 좁혀진 상태다. 타인과 관계를 형성해 갈 때 가장 중요한 것은 상호간의 최적의 거리(optimal distance)를 측정해서 서로 허용할 수 있는 범위까지 다가서보는 것이다. 술은 그런 면에서 깨어 있을 때는 2미터의 거리를 두던 타인과의 거리를 순식간에 1미터 이내로 좁혀주는 힘을 발휘한다.

사람들은 상대방과 가까워지기 위해서 노력하고 마음 한 켠에는 의무감마저 있지만, 이것은 그야말로 사회적 필요에 의한 욕구일 뿐, 정말 상대와 친해지고 싶은 진심은 없다는 것이 현대사회 인간관계의 딜레마다. 일을 같이 하려면 경계심을 무장해제해야 한다는 것은 사회생활을 통해 학습으로 알고 있다. 그렇다고 직업적인 관계 맺기에서 중학교 동창들과 같은 수준의 은밀한 사적 정보와 비밀을 공유하는 그런 사이가 되고 싶지는 않다. 언제 그가 내 뒤통수를 칠지 알 수 없고, 몇 달 지나면 다시는 안 볼 사이가 될 확률이 높은 것이 사실이다. 그런 면에서도 폭탄주의 기능은 요긴하다.

여성들은 남성들이 룸살롱과 같은 고급 술집에 가서 하룻밤에 100만 원이 넘는 돈을 뿌리는 것을 이해하지 못한다. 그런데 많은 남성들은 사업상 만난 사이일수록 그런 곳을 선호한다.

중요한 얘기는 식사 자리에서 다 끝낸 경우가 많다. 그런데도 룸살롱과 같은 곳에 가는 이유는 그곳의 구조 때문이다. 방 안에는 거대한 테이블이 놓여 있고 거기에 놓인 소파에 앉으면 건너편 사람이 참으로 멀게 느껴진다. 서너 명이 사용하기엔 방과 테이블이 필요 이상으로 커서 건너편 사람과 대화하는 게 쉽지 않은 구조다. 오직 옆 자리에서 시중을 드는 아가씨와만 얘기를 하는 것이 자유로울 뿐이다.

바로 여기에 딜레마 해결의 열쇠가 있다. 즉 무의식의 시나리오가 발동한 것이다. 할 얘기는 이미 운을 떼놨고 각자 생각하는 바에 대한 교감은 이루어졌다. 남은 것은 '우리는 한편이다. 친하게 지내보자'는 친밀감을 확인하는 일뿐이다. 더 이상 깊은 얘기를 하는 것은 과도한 정보의 제공일 뿐으로 약보다는 독이 될 확률이 높다. 오직 시간을 같이 보내야 할 필요가 있을 뿐이다. 그러니 룸살롱같이 거대한 탁자가 가로놓여 있어 대화를 나누기는 힘들고, 혼자 앉아 있으면 어색하니 대신 얘기해 줄 사람이 있는 곳에 가는 것이다.

거기서 다 같이 평등하게 폭탄주 여러 순배를 돌리고 나면 경계심은 알코올로 마취되고 '아, 이 사람이랑 친한 것 같아'라는 가성 친밀감(pseudo-intimacy)이 형성된다. 이를 위해서 지불하는 가당치 않은 비싼 가격에는 자신의 개인 정보와 취향을 상대방에게 알리지 않아도 되는 보호 비용이 포함되어 있다.

폭탄주와 룸살롱 문화는 '친해야 하는 사명감과 친하고 싶지 않은 개인적 욕구' 사이의 딜레마를 고비용으로 해소해 주는 솔로몬의 지혜와 같은 것이다. 오늘도 도시의 밤거리에 룸살롱은 번창하고 있다.

친밀감의 딜레마를 해결하거나 집단공동체의 일원임을 확인하는 의식적인 차원 말고도 폭탄주는 필요하다. 하루의 고단함에 지친 팽팽한 신경을 살짝 달래고 싶을 때, 친구들과 떠드는 것도 귀찮고 그냥 편안히 아무 생각 없이 한잔하고 싶을 때, 폭탄주는 좋은 친구다. 그런데 와인을 마시자니 너무 많고 혼자 포장마차 같은 곳을 가기도 머쓱할 때는 어떻게 할까?

근처에 있는 바에 들어간 것은 8시 조금 전이었다.

나는 카운터에 앉아서 IW하퍼의 온 더 록을 마셨다. 카운터 속의 텔레비전에서는 거인과 야쿠르트의 야구 중계를 방영하고 있었다. 소리는 나지 않고 그 대신 신디 로퍼의 레코드가 걸려 있었다. 피처는 니시모토하고 오바나인데, 득점은 3대 2로 야쿠르트가 이기고 있었다.

…… 나는 야구 중계를 바라보면서 온 더 록을 석 잔 마셨다. 9시 가 되자 3대 3의 동점인 채 7회 후반에서 야구 중계는 끝났다. 그러자 텔레비전도 꺼졌다.

— 무라카미 하루키, 「패밀리 어페어」 중에서

십수 년 전 처음 이 소설을 읽을 때만 해도 참 낯선 이국적 광경으로 보였다. 다 같이 평등하게 빨리 취해야 하는 폭탄주의 다음 모습은 아마도 바에서의 혼자놀기일 거라 생각해 본다. 간섭받지 않고 혼자 정신적 휴식을 취하고 싶은 개인의 욕구가 늘어나면서 바가 새로운 혼자놀기의 공간으로 자리를 잡아갈 것이다.

그래도 술이 고플 때에는 역시 포장마차에서 꼼장어에 곁들이는 소주 한 잔만 한 것이 없다. 게다가 비가 오는 날이라면 고민의 여지는 없을 것이다. 배경음악으로 깔리는 빗소리는 수천 만 원짜리 오디오보다 멋진 생음악이다. 어쨌거나 우연히 땅바닥에 떨어져 발효한 과일을 먹고 취한 인류가 술이라는 금단의 음식을 알게 된 이후부터 지금까지 술은 우리가 살아가는 희로애락의 동반자다.

다문화가정을
순순히
받아들이기
어려운 이유

타자에 대한 거부감

아무래도 난 보통의 한국인같이 생기지 않은 것 같다. 진한 눈썹에 각이 진 얼굴이고 피부색도 검은 편이다 보니 '베트콩', '인도 사람' 같은 별명이 끊이지 않았다. 필리핀 여행을 하고 돌아오는 길에 승무원이 입국신청서를 당연하다는 듯 준 적도 있다.

몇 년 전, 카페에서 "아메리칸 커피 한 잔 주세요"라고 했더니 무심코 주문을 받던 점원 아가씨가 갑자기 놀란 눈으로 똑바로 쳐다보며 얘기했다.

"한국 말 너무 잘하세요."

외국인으로 오해한 것이다. 그런 말을 하도 자주 들은지라 나는 웃으면서 "온 지 오래 돼서요. 잘하죠?"라고 농담으로 대답했다. 점원은 내 말을 농담으로 받아들이지 않고 진지하게 "그런데, 어디서 오셨어요? 태국, 필리핀?" 하고 묻는 것이다. 옆에 있던 내 친구는 박장대소했고 나는 조금 기분이 나빠졌다. 점원은 미안해하면서 지나갔지만 야릇한 불쾌감은 쉽게 사라지지 않았다.

나는 보통의 한국인과 외모가 다르다는 것을 개성으로 느끼기보다 약간의 핸디캡으로 받아들여 왔다. 그런데 그 생각이 바뀐 사건이 있었다.

일본에 가게 되었을 때 한국인이나 일본인 승무원 모두 나에게 일본어로 말을 건네는 것이었다. 이번에는 이상하게도 외국인으로 받아들여진 것이 기분 나쁘지 않았고, 도리어 약간 우쭐해지는 기분마저 들었다. 잠시 뒤 '왜 동남아인이라고 할 때는 기분이 나쁘다가 같은 외국인인 일본인으로 알아봐주면 그렇지 않은 거지?' 하는 생각이 번쩍 들었다.

급속히 증가하는 다문화가정

몇 년 전부터 진료실에서도 다문화가정을 심심치 않게 만날 수 있다. 만성 통증과 불안으로 찾아온 60대 할머니를 모시고 온 사람은 베트남에서 온 며느리였다. 20대 중반쯤으로 보이는 며느리는 우리말을 어색하지만 잘 했고, 시어머니를 그리 어려워하지도 않았다.

"엄살이 많아요!"라면서 시어머니가 아무리 치료를 받아도 여기저기 아프다는 증상이 사라지지 않는 것은 엄살 때문일 것이라고 단호하게 얘기했다. 아마 에둘러 말하는 것이 익숙하지 않거나, 이미 이 가정에 충분히 동화되었기 때문이리라 생각했다.

또다른 베트남 여인도 생각난다. 음독자살을 기도해서 입원한 여인
이었다. 그녀 곁에는 한 청년이 앉아 있었다. 20대 중반인 그녀는 5년
전에 한국으로 시집와 열심히 일을 했지만 버는 돈을 모두 남편에게
빼앗겼다. 나이 차이가 많이 나는 남편은 술 문제가 있었다. 결국 이혼
했고, 다행히 그녀는 한국 국적을 유지할 수 있었다. 그동안 한국에 적
응한 그녀는 식당에 취직해서 새 삶을 살기 시작했고, 같은 고향 출신
인 청년과 사랑도 시작했다. 그러나 기대만큼의 사랑을 얻지 못했는지
그녀는 그와 다툰 후 수면제와 술을 함께 마셨다. 그녀를 발견한 남자
친구에 의해 응급실에 왔는데 우리는 그녀가 깨어날 때까지 자초지종
을 알 길이 없었다. 아직 한국에 온 지 얼마 안 된 청년은 한국어나 영
어 모두 할 수 없었기 때문이다.

미국 로스앤젤레스의 얘기가 아니다. 요즘 한국의 서울에서 흔히 볼
수 있는 풍경이다. 지난 2000년 외국인과 한국인 사이의 혼인은 약
13,000건이었다. 그런데 2005년에는 무려 43,000건으로 세 배나 증가
했다. 한국인 여성과 외국인 남성 사이의 결혼도 5,000건에서 12,000건
으로 두 배 이상 증가했지만 핵심은 외국인 여성과 한국인 남성 사이
의 결혼이었다. 주로 중국과 베트남 국적의 여성과 한국인 남성이 결
혼을 했다.

흥미로운 것은 농림 및 어업 종사자 중 기혼 남성의 36퍼센트가 외
국인 여성과 결혼한 것이다. 이제 농어촌 집안 새색시의 3분의 1은 외
국인 여성이라는 말이다. 국도변에 걸려 있는 '베트남, 중국인 처녀와
결혼하세요'라는 푯말이 공치사가 아니라는 것을 알 수 있다. 실제로

읍면 단위에서 개업 중인 산부인과나 소아과 병원을 찾는 환자 중 외국인의 비중이 눈에 띄게 늘어나고 있다고 한다. 이제 10년쯤 지나면 농어촌의 초등학교에는 다문화가정에서 태어난 아이들이 도리어 주류를 차지할 것이다. 20년이 지나면 이 아이들이 어른이 되어 마을을 이끌어갈 것이다. 거기다가 한국의 3D산업을 지탱하고 있는 중국 국적의 교포들, 동남아시아 출신 노동자들이 시간이 지나 한국에 정착하게 된다면 20년 후 한국의 모습은 지금과 사뭇 다를 것임이 분명하다.

차별의 또다른 이름, 단일민족

1970년대 경제 성장의 밑바닥을 지탱하기 위해 인력을 수입했다가 현재는 사회적 문제가 발생하고 있는 독일, 튀니지나 알제리 같은 아프리카 출신들과의 민족융합이 어려운 프랑스처럼 우리도 곧 같은 일을 겪게 될 것이다. 독일은 게르만인의 우수성을 내세우며, 프랑스는 골족을 소재로 〈아스테릭스〉라는 만화까지 만들어내며 은밀하게 타민족과의 융화를 거부하고 있다. 단일민족을 자랑하는 우리도 만만치 않다.

'민족'은 균질성(homogeneity)을 전제로 한다. 균질성이 강하면 강할수록 잡티에 대한 민감도는 높아진다. 순도를 높게 유지하려는 노력은 시스템이 닫혀 있을 때에는 그리 어렵지 않다. 그러나 시스템이 개방되어 외부와 소통을 하며 역동적으로 활동을 하게 되면 얘기가 달라진다. 오고가는 과정에 '내 것이 아닌 원래 남의 것'이 들어왔다가 흔적 하나 남기지 않고 조용히 사라지기란 참 어려운 일이기 때문이다.

반도체 공장에서 수율을 높이기 위해 클린 룸을 만들기에 천문학적 숫자의 돈을 쏟아붓는 것같이, 균질함의 순도를 유지하기 위해서는 집단적으로 많은 에너지가 필요하다. 에너지라는 비용을 많이 들인 것에 비례해서 그것의 가치는 실제에 비해 크게 책정된다. 그래서 실제 민족성이라는 것이 갖는 객관적 가치와 별도로 비현실적으로 이상화된 가치가 사람들 사이에 형성된다. 상황이 어려워지거나 위기에 몰린 경험이 있는 집단일수록 그 가치는 강해져서 그 어떤 반론도 용납되지 않는 '유일 계시'같이 되어버린다.

역사를 돌이켜볼 때 억압받은 적이 있는 집단의 결속력은 매우 강하다. 집시, 유대인이 그러하듯이 보이지 않는 규율과 비밀로 무장되어 있다. 우리 역시 광개토대왕 이후 현재까지 그리 멋진 역사가 없었고 가장 가까이는 일제 강점기라는 뼈아픈 시기가 있었기에 힘든 일이 발생하면 '우리 민족은 자랑스러운 민족이나 외부의 침략에 피해를 입어 지금 힘들게 살고 있다'는 피해자 논리가 습한 날 곰팡이같이 순식간에 퍼진다. 끊임없이 '나와 남', '우리와 남들'로 분류하고 나누며 퉁겨낸다. '우리끼리'의 결속을 부추기고, 배신자에게 집단의 이름으로 보복을 가한다.

이런 민족 논리와 정서 덕분에 우리나라 사람들은 사회문화적으로도 집단 논리가 개인 논리보다 앞서는 것에 대한 거부감이 없다. 이민을 가거나 다른 사회에서 정착하기 위해 노력하는 한국인들을 만나보면, 한국인이 외국에서 성공하기 어렵다는 말을 하면서 '보이지 않는 유리벽과 같은 차별'이 있다고 비판한다. 그러나 외국인이 한국에서 살아갈 때에는 신용카드나 휴대전화 하나 개통하기 힘들 만큼 '너무나 눈에 잘 보이는 철벽'을 매일 만나게 된다. 외국인은 사업자 등록도 마음대로 하지 못한다.

우리도 불평이 있지만 외국인도 우리나라에서 살기 참 힘들다. 아니 더 힘들다. 주민등록번호가 없으면 한국에서는 무엇 하나 할 수 없다. 우리도 외국에서 살 때에는 그들의 친절한 얼굴 너머로 어쩔 수 없는 선이 있음을 알고 좌절한다. 그러나 우리는 외국인에게 표정관리마저도 하지 않은 채 빤히 보이게 편가르기를 한다. '눈에는 눈, 이에는 이'는 가장 효율적인 게임의 법칙이다. 오랫동안 억울함을 당해온 민족이라는 세뇌를 받아온 우리는 그렇게 '되로 받고 말로 갚는' 마음으로 '명동에서 뺨 맞고 한강에서 화풀이'를 하고 있다.

집단과 개인의 경계선

집단의 순도가 떨어지는 것에 대한 과도한 두려움이 이러한 경향을 강화한다. 우리 사회는 개인의 정체성과 집단의 정체성 사이의 경계가 모호한 것이 특징으로, 2002년 월드컵 때 보여준 붉은 악마의 역동성은 그래서 가능했는지도 모른다. 경계가 모호하니 나와 집단 사이의 융합이 쉽게 일어난다. 우리의 국가대표가 축구로 강대국을 이기는 것을 응원하면서 집단의 힘을 확인하고, 그 힘은 순식간에 나라는 개인으로 전이됐다. 그 결과 나 자신이 강한 힘을 가진 존재인 것 같은 충만한 기분을 만끽하며 그만큼 내가 커졌다고 느낄 수 있었고 강한 만족감과 융화감을 경험했다.

　미국 버지니아 공대 총기 난사 사건이 일어났을 때, 범인이 한국인이라는 것 때문에 많은 한국인들이 미국 국민에게 미안함을 표현했다. 이런 한국인들의 생각에도 같은 메커니즘이 작동한 것이다. 정작 미국인들은 "왜 너희가 미안해하는 거야?"라며 반문했지만 말이다.

　집단이 하나의 생각을 추구하고 밀어붙이면 그 안의 개인은 자기만의 생각을 고수하기 어렵다. 사회심리학자 솔로몬 애쉬(Solomon Asch)의 고전적 실험이 있다.

　일곱 명의 대학생을 실험실로 불러 표준이 되는 선과 동일한 길이의 선을 고르라고 했다. 주어진 보기는 세 개였고, 그중 표준이 되는 선과 같은 것은 B였다. 한 명을 제외한 나머지 사람들은 사전에 모의를 해서 모두 B가 아닌 C라고 대답하도록 했다. 실험 대상인 학생이 이때 B라고 꿋꿋이 말을 할 것인가 아니면 집단의 압력에 굴복해서 '하늘이 파랗다' 수준의 명제가 아닌 답을 말할 것인가. 실험 결과 37퍼센트의 학생이 B라는 것을 알면서도 C라고 대답했다고 한다. 즉 세 명 중 한 명은 자기가 '옳다'라고 여기는 것도 언제든지 집단이 아니라고 하면 '아니다'라고 말하게 된다는 것이다.

　이런 상황을 처음 맞닥뜨린 사람은 당황스럽고 기존의 자기 가치관이 기본부터 흔들리면서 집단의 가치관이 자기 세계를 불쑥 침범하는 듯한 불쾌감을 느낀다. 그렇지만 쉽게 여기에 저항하지는 못한다. 적극적으로 저항하는 소수가 있지만 그보다 자아가 약한 사람들은 헷갈려하거나 자기 가치관과 비교하기보다 처음부터 집단의 가치관이나 선택에 몸을 맡기는 방식을 선택한다. 중간쯤 정도로 의식 있는 사람들은 저항하고 자기 생각을 고수하는 것이 아니라 '침묵'함으로써 소극적으로 방어한다.

집단의 결속력이 강할수록 집단 내 구성원들은 집단의 가치관에 적극적으로 동조하면서 주류로서의 삶을 사는 부류, 침묵하는 소극적 저항세력, 그리고 적극적으로 저항하면서 자기정체성을 사수하려는 극소수의 사람들이라는 세 그룹으로 나뉜다. 비주류는 집단의 이질적 집단으로 박해와 질시의 대상이 되기 쉽다.

집단의 정체성에 갑자기 의문이 생기는 일이 벌어졌을 때도 문제는 발생한다. 집단 정체성의 순도를 떨어뜨리는 일이 벌어지거나, 집단의 정체성에 혼란이 오는 일이 벌어지면 이것은 한 개인이나 집단 전체의 문제로만 남지 않는다. 나와 집단 사이의 구분이 명확하다면 괜찮을 텐데 그렇지 않기 때문에 집단의 힘은 쉽게 '나'란 개인이 지닌 정체성의 경계선을 침범해 들어오게 된다.

경계선의 침범은 피해의식이라는 반응을 불러일으킨다. 누가 나를 해칠 것이라는 마음은 강한 공격성으로 변화하여 외부로 뻗어나가 집단의 순도를 떨어뜨리려는 적을 물리치려 한다. 그래야 다시 예전의 집단으로 돌아가고 나도 안전해지기 때문이다.

우리가 외국인에게 갖는 지나친 배타성의 근원은 여기에 있다. 보이지 않는 민족을 지키기 위한 것이 아니다. 우리 사회의 문화적 습성이 국가와 민족이라는 '대집단'과 나란 '개인'의 접착력을 강하게 유지하도록 강요하고 있기 때문에 생기는 일이다. 내면적으로 자기 자신을 보잘것없고 약한 존재로 여기는 사람일수록 민족에 의존하는 기대는 커지고, 민족을 등에 업고 행사하는 폭력은 강해진다.

외국인, 중국 교포, 다문화가정이 늘어간다. 하지만 이들과 합리적인 융화를 이루기엔 현재 한국의 내적 상황이 그다지 좋지 못하다. 내적으로 풍요롭고 넉넉하다면 밥그릇 하나 더 놔주고, 빈 방에 이불 하나 깔아주는 것이 어렵지 않을 것이다. 그런데 내적 상황이 갈수록 팍팍하게 돌아가고 있다. 겉으로는 풍요로워 보이지만 새로 유입된 사람들과 맞닥뜨리는 이들은 안타깝게도 풍요의 반대 면에 서 있어 이들과 '의자 뺏기' 싸움을 시작할 수밖에 없다.

민족이란 이름은 중세 이후 근대 사회로 넘어가면서 만들어진 '허상'과 같은 개념이다. 사람들은 간혹 종교, 민족이란 허깨비에 홀려 원초적 잔인성의 칼을 휘두르게 된다. 신뢰에 대한 의심이 강한 사람들일수록 순수에 대한 집착은 강하다. 그런데 그 순수의 결과물은 허망하고 과도한 에너지의 낭비만 요할 뿐이다. 그 집착의 무게를 벗어던질 때 인생은 편해진다.

도시에서 마주치는 피부색이 다른 수많은 사람들, 말투가 조금 다른 사람들, 머리색이 다른 사람들도 모두 이 도시에서 함께 숨 쉬는 사람들이다. 타인에게 보내는 끈적한 호기심의 눈길을 거두고 '나는 너와 달라, 그러니 나는 안전해'라는 배타성을 통해 획득하는 안전성이라는 불필요한 개인적 의식을 멈추자. 내가 이 도시에서 살기 위해 돈을 내고 들어온 것이 아니듯이, 모두에게는 동등한 권리가 있다. 내가 은연중에 보이는 배타성은 미리 와서 장사를 시작했다며 자릿세나 권리금을 내라고 요구하는 것이나 다름없는 폭력성이고 무지한 요구일 뿐이다.

진정한 코즈모폴리턴의 삶을 꿈꿔보자. 나도 이제는 이태원에서 '한국말 잘 하시네요'라는 말을 듣지 않고 쇼핑하고 싶다. 피부색과 생김새 때문에 안산이나 가리봉동 뒷골목에서 긴장하는 일이 더 이상 없었으면 좋겠다.

믿으면
천국행,
믿지 않으면
지옥행?

 잊을 수 없는 대양감

어느 날 병원 엘리베이터에서 일어난 일이다. 한 여성이 수술을 막 끝내고 병실로 올라가기 위해 침대차에 실려 엘리베이터로 들어왔다. 여성은 마취가 풀려서 그런지 신음 소리를 내고 있었고, 남편은 걱정스러운 눈빛으로 옆에 서 있었다. 함께 탄 서너 명의 사람들은 아픈 표정이 역력한 그녀를 안쓰럽게 쳐다보았다. 그런데 갑자기 그녀 머리맡에 있던 한 남자가 "하나님 아버지! 하고 외쳐요. 그러면 아픈 거 다 나아!"라고 말하는 것이다. 농담으로 하는 말투가 아니었다. 한치의 망설임도 없이 단호한 신념을 갖고 그녀를 쳐다보며 큰 소리로 또박또박 말했다. 함께 있던 사람들은 놀랐지만 너무나 단호한 그에게 차마 한마디 할 수 없었다. 환자는 별다른 반응을 보이지 않았다. 남편은 애써 무시하며 그녀의 손을 잡고 벽만 바라보며 어서 엘리베이터가 목적지에 닿기만을 바라는 듯했다.

나는 그 남자의 얼굴을 찬찬히 보았다. 170센티미터 남짓의 키에 단단한 몸통, 긴 팔 흰색 와이셔츠에 노타이 차림, 짧고 단정한 머리모양, 동그란 얼굴 위에 동그란 뿔테 안경, 한 손에는 우산을 들고 다른 한 손에는 주스 박스를 들고서 꼿꼿하게 서 있었다.

한동안 그의 얼굴과 표정은 쉽사리 사라지지 않았다. '믿는다'는 것이 무엇이기에, 그 신념이 얼마나 강하기에 처음 보는 타인의 삶에 개입하는 것을 주저하지 않는 것인가. 그의 '믿음'과 나의 '믿음' 사이에 통하는 코드를 발견하기 어려웠다.

'남에게 피해를 주지 않는 한 내 마음대로 하는 것이 좋고, 남의 삶에도 간섭하지 않는 것이 쿨한 것이다'라는 모토가 주류로 자리잡은 이 시대에 제대로 역주행을 감행하는 근원은 어디에 있는 것일까. 내 마음속은 천천히 우리나라의 기독교 문화라는 거대하고 부담스러운 이미지와 직렬 연결되었다.

신앙은 정서의 품앗이다?

사는 것이 각박해질수록 사람들은 마음의 위안처를 찾는다. 흔히 종교의 근원을 인간이 알 수 없는 자연의 섭리를 설명하기 위해, 천재지변 앞에서 무력한 인간의 의존성을 달래기 위해 만들어진 것이라고 설명한다. 그런데 이제는 자연현상을 웬만하면 다 설명할 수 있고, 인간의 독립성도 그 어느 시기보다도 강해졌다. 그럼에도 21세기에 도리어 종교인의 수가 늘고 있다는 것은 어떻게 설명할 수 있을까?

지금의 문제는 자연현상이 아니다. 그보다 옆에 있는 사람이 무섭고, 더 나아가 자신의 존재적 불안의 원인을 알 수 없다는 것이 문제다. 머릿속에 든 것은 많은데 불안감은 사라지지 않는다. 과학이 발달할수록 존재의 불안감은 커지고 주변에 사람이 많아질수록 가까운 사람 때문에 상처받는 일이 늘어나는 패러독스의 세상이다. 이해할 수 없는 일이 벌어지지만 발달했다는 과학은 똑 부러진 답을 주지 못한다.

역사는 과학이 영원불변한 진실일 수 없다는 것을 반복해서 알려줬다. 갈릴레오 갈릴레이가 "그래도 지구는 돈다"라고 할 때만 해도 모든 과학자들은 천동설을 굳게 믿고 이에 대한 수많은 논문을 쏟아냈다. 하지만 지금 그 누구도 지구를 중심으로 태양이 돈다고 생각하지 않는다.

그럼에도 여전히 세상을 이해하는 가장 객관적인 방법은 과학적 판단에 의존하는 것이다. 인공위성 사진을 받고 슈퍼컴퓨터를 돌려도 내일 어디에 집중호우가 올지 맞추기 힘들다. 유전자 지도가 완성된 이 시점에 우리 몸에 대해 아는 것은 그리 많지 않다. 정신과에서 사용되는 약들이 정확히 어떤 작용기전으로 증상을 좋아지게 하는지도 속 시원히 알지 못한다. 여러 가지 설명을 하지만 이유가 많다는 것은 잘 모른다는 것을 돌려 말한 것일 뿐이다.

세상을 보는 프레임이 언제 어떻게 변할지 알 수 없다. 나와 세상 사이의 연결 역시 안정적으로 이어져 있기 힘들 수밖에 없다. 세상을 보는 눈을 언제든지 바꿔야 할 날이 올 수 있기 때문이다. '나'라는 존재에 대한 근본적 불안감이 드는 것은 어쩌면 당연한 일인지도 모른다. 불안감이 커지면 그동안 의존하던 과학의 객관적 논리와 추론에 대한 기본 신뢰는 점차 옅어지고, 다음 해법은 정반대로 간다. 논리적으로는 답할 수 없는 초자연적인 '신'의 영역이 존재의 불안을 해결해 줄 것이라 믿게 되는 것이다.

산을 오를 때 어쩐지 길이 아닌 것 같고, 길을 잃은 것 같아 불안해질 때 먼저 지나간 등산대가 묶어놓은 작은 리본 하나가 반가운 이정표가 된다. 이렇듯이 종교는 길 잃고 헤매는 어린양에게 리본보다 훨씬 강력한 등대의 역할을 한다.

이전에는 보이지 않는 주고받음으로 서로 의지하고 받아주는 '정서의 품앗이'가 있었다. 지금은 일상적으로 의존하는 상호작용의 채널은 적어지고 닫혔다. 공중그네를 안전그물이 없이 뛰려면 특급 서커스 단원이라도 두렵고 떨리기 마련이다. 초보자는 그네를 잡을 엄두도 나지 않을 것이다. 정서의 품앗이는 공중그네를 뛰는 사람들에게 안전그물의 역할을 해줬다. 그러나 지금 사회는 안전그물 없이 고난도 묘기를 하라고 밑에서 박수를 치며 환호하고 있다. 이렇게 난감한 상황에 처했을 때는 오직 기도밖에 남은 것이 없다.

카타르시스의 미학, 종교

영화 〈밀양〉에서 유괴로 아이를 잃은 여주인공 신애는 도저히 이해할 수 없는 삶의 비극과 아픔을 치유받기 위해 교회를 찾는다. 작은 개척교회의 부흥성회를 찾아간 신애는 사람들이 찬송을 하고 소리 모아 기도하는 것을 보고 전기에 감전된 것 같은 느낌을 받는다. 그동안 억눌러온 감정이 한꺼번에 북받치는 것을 애써 참으면서 자신의 존재를 지탱해 온 자존심을 낯설지만 안전해 보이는 교회라는 공간에서 내려놓았다. 그순간 역설적으로 카타르시스가 찾아온다. 교회의 사람들은 그녀에게 "은혜를 받았다"라고 했고 그녀는 이제 하나님 아래에서 모든 상처를 다 '이유 있는 시련과 시험'으로 해석하며 받아들일 수 있게 된다. 이제 그녀는 열성 신도로 다시 태어나고 일시적이나마 아픔을 치유받고 안정을 찾는다.

개신교에 마음을 붙이기로 한 사람을 찬찬히 관찰해 보면 크게 두 가지 유형으로 나뉜다. 첫 번째 유형은 대형교회를 선호하는 타입이다. 이들은 담임목사와 그 교회가 오랫동안 쌓아온 브랜드 이미지를 신뢰한다. 체계적 시스템 안에서 조직적인 교육과 신앙생활이 가능하다고 여긴다. 무엇보다 익명성이 보장된다는 것이 장점이라고 입을 모은다. 독립성을 유지하며 영적 의존을 할 수 있어 도시 생활에 익숙한 사람에게 안성맞춤이다.

반면 개척교회 같은 작은 규모의 교회를 선호하는 부류가 있다. 이들의 요구는 다르다. 이곳의 문화는 가족적인 공동체를 지향한다. 상대적으로 개인의 삶에 개입하고 관심을 보이는 경향이 강해 도시 생활에 지쳤거나 외로움을 느끼는 사람들이 선호한다.

한쪽은 상대적으로 더 탄탄하고 큰 울타리를 제공하고 대신 그 안에서는 느슨한 관계를 가져도 된다. 다른 한쪽은 작은 울타리 안에서 단단하고 촘촘한 관계를 지향한다. 취향에 따라 선택할 문제이지만 모두 울타리가 되어준다는 점에서는 공통적이다.

한국의 특이한 교회 문화 중 하나가 부흥성회와 새벽기도다. 원하는 것이 있거나 신앙의 심도를 확인하기 위해서 '정성을 들여야 한다'는 명제는 수천 년 동안 이어져온 한국인의 문화적 특성이다. 정화수를 떠놓고 치성을 들이고, 백팔배를 하고, 새벽기도를 위해 3시 반에 일어나 교회에 가는 행위는 모두 일맥상통한 정서를 가지고 있다. 정성을 들이면 하늘도 감동할 것이라는 믿음이다. 그리고 혼자서 하기보다 다 같이 모여서 기도하면 하늘이 좀 더 감동할 것이라 믿는다. 여기에는 물론 하루를 시작하기 전에 마음을 정화하고 마음가짐을 다잡는다는 기능도 있을 것이다.

이런 행위에는 다른 의미도 있다. 새벽기도나 야간 부흥성회를 가는 사람들은 의지력과 의무감으로 불편함과 졸림을 극복해야만 신앙이 강해진다고 생각한다. '원수를 용서하라', '오른뺨을 맞으면 왼뺨을 내밀어라'와 같이 우리에게 많이 알려진 성경 구절만 봐도 상당히 피학적인 주제가 많다. 누가 자신을 핍박할 때 그것은 '시험에 든 것'이고 나름 이유가 있을 터이니 그것을 받아들이고 고난을 이겨나가다 보면 하나님의 뜻을 이해하게 되고 원수를 용서할 수 있는 힘이 생긴다는 것이다. 이런 피학적인 태도가 새벽기도에도 드러난다. 최대한 불편해야 하고, 힘들어야 한다. 괴로움을 다 같이 모여서 공유하면서 집단적 카타르시스를 경험한다.

카타르시스는 동조(同調, synchronicity)로도 설명할 수 있다. 무주에 가면 반딧불이의 군무를 볼 수 있다. 수천 마리의 반딧불이가 처음에는 두서없이 반짝이다가 어느 순간부터는 몇 초 간격을 두며 똑같은 리듬으로 반짝이는 것을 목격할 수 있다. 동조 현상이다. 또 같은 직장에 다니는 동료나 친한 친구 사이인 여성들 사이에 월경주기가 비슷해지는 현상도 동조로 설명할 수 있다.

이런 동조가 갖는 힘은 크다. 어느 순간 주파수가 같아지는 동조 현상은 공명을 일으켜 혼자서는 절대 이루어낼 수 없는 강력한 힘을 형성한다. 이 힘은 다리를 무너뜨리기도 한다. 1940년 11월 미국 워싱턴의 타코마 해협의 철제 다리가 산들바람에 의해 공명이 일어나며 어이없이 무너져버린 일이 그 예다.

이런 강렬함은 일반적인 생활에서는 경험하기 어려우나 많은 이들은 함께 박수치고 노래 부르며 통성기도를 하면 한 번도 경험해 보지 못한 강렬한 종교적 체험을 하게 된다고 주장한다. 그것은 아마도 이런 동조와 공명의 경험일 것이다. 사람들은 이런 경험을 통해 평소 애써 지켜온 사회적 위치에 따른 방어심리가 일거에 해체되는 통쾌한 해방의 카타르시스를 느낄 수 있다. 특히나 집단적으로 함께 경험했을 때 사람들 사이의 결속력과 연대의식은 시너지를 이루며 강력해질 것이다.

믿음 있음과 믿음 없음

"혹시 믿음이 있으신지요?"

길을 걷다가 이런 질문을 받는 경우가 종종 있다. 나는 그럴 때 이렇게 답한다.

"어떤 믿음이요?"

그제서야 그 질문을 한 사람은 내 답변의 까칠함을 이해하고는,

"아, 교회 다니시냐고요……. 그런데 교회 안 다니나 봐요. 얼마나 좋은데. 왜 안 다니세요?"

라고 부언하며 내게 종교가 없는 이유를 꼬치꼬치 캐묻는다. 그리고 답답해한다. 도대체 왜 믿음이 없느냐고 말이다.

'믿음'이란 단어는 일반용어다. 그런데 한국에서 '믿음이 있다'란 말은 개신교 신자인지 아닌지를 구별하는 용어가 된 듯하다.

'믿는다', '은혜 받는다', '기도에 응답하다'라는 말은 단어 하나하나를 따로 보면 평이하다. 그런데 둘을 합치면 교회에 다니는 사람들 사이에서 통하는 언어라는 것을 알 수 있다. 자기 언어를 만들기 시작하면 그 언어를 사용하는 사람과 아닌 사람 사이에 보이지 않는 벽이 생긴다. 사춘기 아이들이 '담탱이', '센터 깐다', '킹왕짱' 같은 은어를 만드는 것도, 룸살롱 여성들이 '진상', '마이킹' 같은 단어를 사용하는 것도, 기자들이 '캡', '일진', '사스마와리'라는 말을 하는 것도 다 비슷한 맥락이다. 그중 기독교에서는 '믿음'이라는 단어를 다양한 의미로 사용하고 있다.

언제부터인가 일부 기독교인들은 '믿음이 있는 사람'과 '믿음이 없는 사람'으로 세상의 사람들을 두 부류로 나눠서 구별하기 시작했다. 그 믿음 안에 있는 사람들이야 편안하고 안도감을 느끼겠지만 자기 생활 잘하다가 갑자기 '믿음이 없는 사람'으로 '구원과 인도의 대상'이 되어버린 사람의 입장에서는 찜찜할 따름이다.

'믿음'이란 자기 존재에 대한 확신과 세상과 타인에 대한 예측가능성 속에 만들어지는 것이다. 에릭슨은 인생발달 여덟 단계를 얘기하며 0세에서 1세 사이의 과제를 '신뢰와 불신(trust vs. mistrust)'이라고 했다. 즉 신뢰의 문제는 인간의 삶에 있어서 가장 기본적이며 첫 번째 발달과제로 인생의 첫 단추에 해당된다.

안정적인 대인관계와 사회생활을 영위하는 사람들은 그런 의미에서 기본적으로 나름 인생과 세상에 대한 '믿음'이 있는 사람들이라고 할 수 있다. 그렇게 자신에 대해 조금은 불만족스럽지만 그렇다고 낙제점을 주는 것은 아닌 상태에 사는 사람들에게 '믿음이 없는 사람'이라고 하니 답답함이 가시지 않는다.

기본적으로 믿음이 없는 사람은 세상을 믿지 못하고 사람을 믿지 못한다. 피해의식에 사로잡히기 쉽고, 안정적이고 예측가능한 인간관계를 유지하지 못한다. 그런데 그렇지 않은 정상적인 삶을 살고 있는데도 그런 오해를 당하면 반발감을 갖게 된다. 누구에게나 자존심이 가장 중요한 것인데 이것이 일부 공격적인 믿음 전도사들을 만났을 때 훼손되니 말이다.

존재에 대한 근본적 질문

버나드 쇼는 "우리 사회에서 위험한 것은 불신이 아니라 믿음"이라고 했다. 맹목적 믿음의 위험성을 지적한 것이다. 이는 사회뿐 아니라 한 개인의 심리에도 적용 가능하다.

믿음을 강조하며 반복해서 얘기하는 사람일수록 '자신의 존재와 삶에 대한 근본적 믿음'이 약하고 그마저도 흔들리고 있을 가능성이 높다.

일이 힘들거나 하는 일마다 꼬이면 우리는 "괜찮아, 별일 없을 거야'라고 주문을 외우듯 되뇐다. 닥쳐올 좌절의 폭풍이 눈앞에 보이지만 인정하기 싫을 때, 그 고통에 대한 예기불안(anticipating anxiety)을 잠재울 유일한 진통제는 '난 괜찮아'라고 거꾸로 생각하는 것이다.

사랑하는 사람이 떠나갈 것 같은 불안이 엄습해도 사람들은 '아니야, 난 그를 사랑해, 그도 나를 사랑하는 거야. 그냥 지나가는 소나기야'라고 애써 생각한다. 정말 헤어지게 된다하더라도 그 사실을 받아들이기보다 '잠시 떠나는 것일 뿐 곧 돌아올 거야'라며 마음을 달래려한다.

그런 맥락에서 "믿습니다"라는 말을 강박적으로 반복하고 타인에게 "믿어야 한다"고 강요하듯이 말을 하는 사람일수록 내면에서는 "내 믿음이 정말일까?", "나 지금 많이 불안해요. 제발 내가 의지하면 받아줄 것이라는 확신을 주세요"라고 외치고 있다고 볼 수 있다.

'기도가 통한다'는 말도 그런 의미다. 자신이 기도를 통해 염원한 일이 이루어졌다고 여길 때 '통(通)'했다는 교감을 갖게 되며 자신의 믿음을 신뢰할 수 있게 된다. 그러나 아쉽게도 그런 경험은 그리 쉽게 오지 않는다.

우리가 사는 곳은 빡빡하고 한 치 앞을 내다볼 수 없는 예측 불가능한 세계다. 이런 세계에서 도시의 교회들은 정글 속에 내버려진 나약한 인간의 원초적 불안감을 달래고 감추려는 방어막의 기능을 하고 있다.

로망 롤랑은 종교에는 마치 자신이 커다란 세계와 하나가 되어 무한함과 일체감을 느끼는 대양감(oceanic feeling)을 경험하게 하는 면이 있다고 했다. 프로이트는 1930년 『문명 속의 불만(*Das Unbehagen in der Kultur*)』에서 대양감은 사실 아이가 엄마 뱃속에 있다가 나와서 초기에 경험하는 정서에서 비롯된 것이라 했다.

생애 초기에 아기는 자아와 외부 세계를 분명히 구별할 수 없다. 어머니와의 관계가 세상의 전부라 느끼고 모든 것이 자신의 소망대로 이루어지리라 믿는다. 그러나 안타깝게도 어머니의 젖가슴으로 대표되는 외부 세계는 항상 만족을 주지 않고 원할 때마다 존재하는 것도 아니다. 아기는 불쾌함과 고통을 경험한다. 이를 피하기 위해 고통의 원인이 되는 모든 것을 던져버리고 쾌락의 근원만 내면에 남겨놓으려 한다. 쾌락-자아가 만들어져서 쾌락원칙을 따르며 현실원칙을 따르는 외부 세계에 반대하게 된다. 결국 대양감이란 유아기에 경험했던 외부 세계와 단절된 쾌락-자아의 경험을 재경험하는 것이다.

대양감은 종교적 요구에 대한 반응이 아니다. 프로이트에 따르면 종교적 요구란 아기의 절망감과 보호해 주는 대상을 원하는 마음에서 생긴 것이다. 그러므로 대양감은 일차적인 것이 아니라 이차적인 것이다. 자아가 외부 세계로부터 느끼는 위협적인 상황을 부정하고 뭔가 위안이 될 만한 것을 찾으려는 노력의 결과물이라는 것이다.

교회 안에 있을 때 정서적으로 내가 커지고 하나님과 하나가 된 것 같은 대양감을 경험할 수 있다. 이런 경험은 믿음을 확대 강화한다. 이것이 정서적으로 편안함과 안정감을 주는 면이 있음은 부정할 수 없다. 그러나 한편으로는 아주 어릴 때의 초기정서적 경험으로 퇴행하여 어머니와 정서적 유대를 재현하고픈 원초적 욕망의 발로일 수 있다는 것도 잊어서는 안 된다.

여기까지 생각하고 나니 그제야 그날 엘리베이터에서 만난 남자의 행동이 이해가 간다. 의무감으로 가득 찬 그의 강박적 표정, 처음 보는 사람이란 것, 상황 변수에 대한 고려가 없는 자기확신에 찬 행동, 사람들의 반응은 아랑곳하지 않고 자신이 올바르게 행동했다고 굳게 믿는 듯한 결연한 눈빛. 이 모든 것은 결국 내면의 존재에 대한 믿음이 공고하지 못하기에 터져나오는 '난 강해, 난 믿음이 있어'라는 외침의 다른 표현이었던 것이다.

그는 초월적 존재가 그런 외침과 노력에 대해 보상해 줄 것이라 기대하고 있는지도 모른다. 그의 외침은 종교라는 강한 방어막의 자장 안에서 안정감과 위안을 받기 위해 노력하는 본능적 몸부림일 수 있다.

저녁에 도시의 상공을 비행기로 내려오며 한국의 첫 모습을 본 외국인들은 '거대한 십자가 무리'를 보며 놀란다고 한다. 이 도시의 밤을 비추는 수많은 십자가들은 결국 도시인의 집단적인 외로움과 고립감, 불안감을 반영하는 지표다. 세상에 대한 안정적 예측과 자신의 삶에 대한 믿음이 강해진다면 거꾸로 '믿음이 필요 없는 사회'로 나아갈 수 있을 것이다.

사회가 강고하고 부딪혀 넘어지고 깨질 때마다 계란으로 바위치기일 뿐이라는 좌절감을 느낄 때마다, 나란 존재는 작고 보잘것없이 인식될 뿐이다. 우리는 '믿음'을 통해 이 난관을 '점프'해서 넘어가고 싶어진다. 아픔을 위로받고 싶어진다. 그래서 '믿음' 안에서 행복하다고 고백하는 사람을 볼 때마다 그의 보이지 않는 삶의 고난을 접쳐보는 엉뚱한 추측을 하게 된다.

영어라면
무조건 오케이,
예스맨의
두 얼굴

열등감과 공격성

캐나다에서 살 때, 아이가 다니던 도서관에서 자원봉사를 하던 한 여학생이 삐뚤삐뚤 주소를 적은 편지봉투를 하나 보여주며 내게 한국어로 제대로 쓴 것이냐고 물었다. '경상남도 구미시……'라고 적혀 있었다. 누구에게 보내는 것이냐고 묻자, 몇 년 전부터 남자친구가 그곳에서 영어 강사로 일하고 있다는 것이었다.

그리고 보니 주변에서 만났던 젊은 캐나다인들이 친구가 한국에서 영어 선생을 하고 있다며 내게 아는 척을 했던 기억이 났다. 실업률 높기로 유명한 캐나다에서 대학 등록금 융자를 갚기 위해 머나먼 한국의 지방도시에까지 취업하러 가는 것은 이제 소수만의 독특한 모험이 아닌 듯했다. 그런데 특이한 점은 그런 말을 하는 사람들의 공통점은 열이면 열 모두 백인이었다는 것이다.

56

금요일 밤 이태원을 가보면, 해밀톤 호텔 뒷골목에는 스트레스를 풀기 위해 집결한 외국인들이 우글거린다. 미국 캘리포니아의 어바인대학교를 다니던 사촌동생이 한국을 방문했을 때 신촌의 레드 제플린이란 바에 데려간 적이 있다. 그곳을 가득 메운 백인 영어 강사들과 그를 따라온 젊은 한국인 여성들을 목격한 동생은, "형, 한 가게에 백인들이 이렇게 많이 있는 것은 난생 처음 봐요"라며 놀라움을 표했다. 특히나 동양인과 멕시코인이 많이 사는 어바인과 로스앤젤레스에서 살던 동생에게는 문화적 충격이었나 보다.

한국 사람들의 머릿속에는 영어와 백인은 '등가'라는 공식이 박혀 있다. 발음도 나쁘고 학교도 제대로 나오지 않아 교사로서 자질이 의심스럽고, 하물며 손버릇까지 나쁜 사람이라 해도 한국에서는 백인이라는 이유로 쉽게 채용된다. 반면 무엇 하나 부족한 것이 없지만 유색인종이라는 이유로 10분 전화영어같이 얼굴을 숨기고 일을 해야만 한다. 1년의 영미권 영어연수를 포함해 5년 만에 대학을 졸업하는 것이 선택필수가 되어가고 있다.

어릴 때의 아픔이 변형되어 찾아오다

프로이트는 어린 시절의 트라우마가 인생의 축을 결정할 수 있다고 했다. 기억 못 할 수 있는 아주 어린 시절에 있었던 일들은 유아기 망각증으로 억압되어 무의식 깊숙한 곳으로 잠복해 들어간다. 이 기억은 사라지지 않고 있다가 그 트라우마와 연관된 상황이나 인물과 맞닥뜨릴 때마다 되살아나서 사람의 발목을 잡거나 심할 때는 깊은 절망의 수렁 속으로 빠트린다.

뻔한 일에도 비합리적인 선택을 반복하면서 그 이유를 모르는 것은 바로 유아기 망각증으로 억압된 트라우마 때문이다. 고전적인 '정동-외상 이론(affect-trauma theory)'인데, 치유하는 방법은 억압된 무의식의 외상기억을 의식의 표면으로 끌어올려 인식하고 받아들이게 하는 것이다.

심리적 상처, 즉 트라우마가 인간 행동에 지대한 영향을 미칠 수 있다는 정동-외상 이론은 프로이트가 1895년 『히스테리 연구(*Studien über Hysterie*)』에서 선보인 안나 오의 사례에 잘 드러나 있다.

어떤 일을 경험하게 되면 정신 내적으로 환상이 형성되는데, 그 내용은 사람에 따라 기존 경험이 무엇이냐에 따라 달라진다. 그리고 원래의 외상기억은 무의식 깊숙이 억압되어 가라앉는다. 가라앉은 상태에서 형성된 환상과 보이지 않는 연관성을 유지하면서 환상에 의해 만들어진 증상이 유지되도록 한다.

우리가 겉으로 볼 수 있는 것은 증상이지만 그것을 만들고, 유지되도록 한 것은 억압되어 깊이 가라앉아 있는 외상기억이다. 그러므로 프로이트는 자유연상을 포함한 정신분석적 치료를 통해서 무의식에 숨어 있는 외상기억의 실체를 의식 표면으로 올리고 현재의 의식의 기억들에 동화시키는 과정을 거쳐야 한다고 했다. '무의식의 의식화'가 이루어져야 증상은 비로소 소실될 수 있다는 것이다.

영어는 캐나다에서 연수를 하는 내내 스트레스였다. 영어로 정신분석까지 받았으니 힘든 면은 더했다. 한 달 아파트 월세보다 비싼 돈을 내고 정신분석을 받았는데, 선생님은 내가 영어를 잘못 사용하는 것에는 아랑곳 않고 그저 듣기만 하였다. 처음에는 소파에 누워서 무슨 말을 하고는 싶은데 단어가 떠오르지 않아 혼이 났다. 전자사전을 들고 들어가고 싶은 마음이 굴뚝같았지만 복잡하게 얘기하기보다 감정을 직설적으로 표현하는 방식을 받아들이고 영어가 좀 입에 붙으면서 점차 나아졌다.

캐나다 생활에 적응했을 무렵 어느 날 꿈을 꾸었다. 휴대전화가 고장나서 서비스 센터에 고치러 갔는데, 수리 기사가 폴더형 휴대전화를 분해하더니 나에게 송화기와 수화기 사이의 연결고리에 있는 두 개의 선을 보여주며 여기에 문제가 있어서 통화가 안 되는 것이라고 설명했다. 그리고 빨강과 파랑 두 개의 선 중 하나를 고르라고 했다. 내가 하나를 고르자 그는 선을 자른 후 휴대전화를 돌려줬다. 갖고 나와서 통화를 해보는데 이상하게 내 말은 그쪽에서 들린다고 하는데 나는 상대방의 목소리를 들을 수 없었다.

프로이트는 한 사람의 무의식적 충동, 꿈을 꾸는 시점에 즈음해서 그 사람이 처한 환경적 요인, 전날 있었던 일들, 그리고 밤에 자면서 경험하는 신체적 자극 등이 취합되어 하나의 꿈으로 만들어지는 것이라고 했다. 처음에는 파편적이었던 내용이 여러 상징들이 적합한 내용으로 잘 포장되면서 하나의 이야기가 되는 2차 가공 과정을 거쳐 다음 날 기억할 수 있는 꿈이 된다는 것이다. 그러므로 꿈의 해석은 완성품을 역으로 조심스레 해체해 거슬러 올라가는 섬세한 과정이며, 그 목적지가 바로 진정한 무의식의 세계라는 것이다.

내 꿈을 프로이트의 고전적 방식으로 해석해 보자. 당시 나는 캐나다에서 영어로 일주일에 네 번씩 정신분석을 받고 있었고, 다른 시간에는 병원에서 연구와 진료참관을 했다. 처음에는 무척 헤매다가 몇 달이 지나니 말문이 트이기 시작했고 내 생각을 어느 정도 말할 수 있는 수준이 되었지만 답답한 것은 여전히 잘 들리지 않는다는 것이었다. 특히 여럿이 모여서 수다를 떠는 시간에는 도대체 왜 웃어야 하는지 감이 잡히지 않아 답답했다.

이 꿈에는 나의 상황이 반영되어 있었다. 말은 되지만 들리지 않는 그런 상태가 휴대전화 고장으로 변환되고 전날 밤 본 미국 드라마 시리즈 〈24〉에서 잭 바우어가 폭탄을 제거하던 장면이 기억의 잔재로 있다가 꿈에서 줄을 자른 것이다. 또 실제 한국에서 휴대전화를 고치러 서비스 센터를 찾은 경험도 보태졌을 것이다. 폭탄을 처리하는 꿈을 꿀 만큼이나 영어는 내게 답답하고 힘든 일이었다.

조기 영어교육 열풍

일본인으로 태어난 두 아기가 있다. 한 아기는 일본에서, 다른 아기는 미국에서 1년을 보냈다. 수년이 흘러 두 아기의 뇌를 기능성자기공명영상(fMRI) 기법으로 촬영해 보았다. 미국에서 1년을 보낸 아기는 r과 l을 들었을 때 각기 다른 부위가 활성화되었지만, 일본에서 자란 아기는 같은 부위가 활성화되었다. 이 연구는 일본인들이 r과 l을 구별 못 하는 것은 이렇게 생후 1년 안에 어떤 환경에 노출되었는가에 따라 뇌의 분화가 달리 진행되었기 때문이라고 설명한다.

이런 연구결과는 어차피 배울 영어라면 일찍 배우게 하는 것이 낫다는 신념으로 '일방통행 직진'을 하게 부추겼다. 요즘은 우리말도 제대로 하지 못하는 아이들을 영어유치원에 보내 외국인 선생님들과 지내게 만든다. 그러다 보니 여러 부작용들도 발생한다.

먼저 아이들이 무엇 하나 제대로 하지 못하는 사태가 발생한다. 학습 능력에 문제가 있다고 호소하며 병원을 찾아오는 5~7세 사이의 아이들 중에 일부는 영어유치원에 다니고 있었고, 일부는 외국에서 몇 년 동안 살다가 왔다. 이 아이들의 특징은 한 사물에 대해 단어를 헷갈려하고, 한국어를 영어 문법적 구조로 말하는 경향이 있다는 것이다.

일을 더욱 복잡하게 만드는 것은 지능검사나 학습능력 검사를 할 때 한국어로 된 매뉴얼을 이용하기 때문에 측정 자체에서 오류의 가능성을 내재할 수밖에 없다는 사실이다. 이 경우 언어능력에 문제가 없는 아이인데도 언어관련 지능지수가 낮게 나오거나 언어장애가 있는 아이로 잘못 판단될 수 있다. 실제로는 아직 한 가지 언어도 완벽하지 않은 아이가 두 가지 언어를 같이 배우다보니 스트레스를 받고 경우에 따라서는 상당한 혼란을 경험해서 정서적인 문제가 발생한 것이다.

또 하나는 영어 이름 사용의 문제다. 영어유치원이나 영어학원에서는 아이들에게 영어로 된 이름을 지어올 것을 부탁한다. 영어 사용 환경을 만들어주기 위해서라는데, 간혹 아이들이 영어로 서로의 이름을 부르는 것을 들어보면 당황스러울 때도 있고 실소를 금치 못할 때도 있다. 부모들이 지어주는 영어 이름은 우리가 상상하는 수준에서 괜찮아 보이는 이름들이다. 그런데 이것이 부모의 감정과 경험, 기억을 투사하고 있을 뿐 실제 외국의 현대사회에서는 일상적으로 쓰는 이름이 아닌 경우가 많다는 것이 문제다.

예를 들어 에리카나 레이븐과 같은 이름은 흑인 사회에서 흔한 이름이다. 데이비드란 이름도 성경에서 따온 이름이기는 하나 유대인들 사이에서 많이 쓰인다. 미국 사회보장국에서 매년 발표하는 아이들의 이름 선호도 통계를 보면 그 차이를 쉽게 알 수 있다. 남자 아이 이름은 제이콥, 마이클, 에단, 여자 아이는 엠마, 이사벨라, 메이디슨이 2008년 통계에서 상위 1~3위를 차지하고 있다. 전통의 강자인 마이클을 제외하고는 한국의 유치원에서 찾기 어려운 이름이 아닌가 한다. 우리가 흔히 선택하는 제임스, 토미, 메리, 줄리아나와 같은 이름은 10위권 안에 들어 있지 않다.

이름(first name)을 굳이 영어로 지을 필요가 있을까? 요즘은 처음부터 영어로 불러도 어렵지 않은 수지, 영아와 같은 이름을 많이 선택한다고 하지만 여전히 영어 이름을 만들어야 한다는 강박관념은 사회를 관통하고 있다. 영어 이름을 짓는다고 영어를 더 잘하게 되는 것이 아니라 도리어 자신의 정체성을 헷갈리게 만들고만 있는 것 같아 안타까울 뿐이다.

이름은 나를 규정하는 가장 첫 번째 징표다. 다나카, 요시이 등의 말을 들으면 일본인을, 아부나 모하메드라는 이름을 들으면 바로 이슬람권의 사람이라는 것을 알 수 있다. 그렇듯이 '김', '이', '박'이라는 성으로 한국인이라는 것을 알아차리게 하기보다 처음부터 이름으로 자신의 국가적 정체성을 밝히는 것은 어떨까. 한국 이름은 발음하기 힘들다고 하지만 우리나라 이름은 도저히 따라하기 힘들 정도로 긴 이름을 가진 다른 나라에 비하면 상대적으로 짧은 편이다. 몇 번 반복시키면 누구나 할 수 있다. 불편한 것은 그들이지 우리가 아니다.

소쉬르는 언어가 정신의 기본이 된다고 했다. 영어 사용을 자제하고 우리말에 좀 더 충실하라고 하는 것은 우리 삶의 범위를 한국어권이라는 1억 명도 안 되는 작은 권역으로 제한하는 면이 있다는 것은 인정한다. 하지만 아직까지 정체성이 명확하지 않은 상태의 아이에게 영어 사용을 권하는 것은 혼란을 줄 수 있다.

반동적 공격성

우리는 '예스맨'을 비웃는다. 어떤 비합리적인 요구를 하더라도 웃으면서 "그럼요. 맞지요. 그렇게 하지요"라고 대답하며 비굴하게 주어진 일을 하기 때문이다. 일을 시키면서도 그에게 고마워하기보다 업신여기기 일쑤다. 그러나 기대 이상의 수준을 요구를 했을 때 그의 얼굴에 순간 스쳐간 안면근육의 긴장을 목격해 본 적이 한 번이라도 있는가. 그렇다면 다음부터는 무리한 요구를 하기 전에 한 번 더 생각을 하게 될 것이다.

프로이트가 말했다. 강한 부정 밑에는 더욱 강한 긍정이 숨어 있을 가능성이 많다고. 예스맨의 심층 심리에는 비굴해지는 정도만큼의 강한 공격성이 숨어 있을 확률이 높다.

영어유치원에 의한 언어학습의 혼란, 조기유학과 연수로 인한 경제적 부담과 가족해체 등과 같이 커다란 희생을 해가면서 얻어내려는 영어에 대한 무모한 집착, 영어로 인한 언어장애인의 삶을 다음 대에서는 끝내겠다는 굳은 결의의 내면에는 그만큼 강한 공격성이 숨어 있을 것이라는 사실은 아주 쉬운 예측의 하나다. 다만 그것이 어디서 어떤 방식으로 폭발할지 알 수 없다는 것이 문제일 뿐이다.

동남아를 여행하는 한국인들은 쉽게 그들의 영어 사용 수준을 트집 잡는다. 수십 년 전 미국인들이 한국에 와서 "왜 여기서는 영어가 안 통하죠?"라며 힘들어하면 그것이 마치 우리의 죄인 양 미안해했듯이 "왜 애네들은 영어를 제대로 못해? 발음은 또 이게 뭐야?"라며 함부로 말한다. 사실 필리핀이나 싱가포르, 말레이시아와 같은 나라의 사람들이 우리나라 사람의 평균적인 영어 실력보다 훨씬 낫다. 우리나라 사람들은 발음을 미국식으로 굴려서 하기 때문에 처음에는 굉장히 잘하는 것 같아 보이지만 5분만 지나면 바로 바닥을 드러낸다. 그런데도 영어는 미국식, 특히 백인이 하는 영어가 정통이라는 뿌리 깊은 집착은 자기보다 못하다고 여기는 곳에서 강한 공격성의 동력이 되었다. 짧은 영어 실력을 내세워 한국의 경제적 성공을 가학적으로 만끽하고 있는 것이다.

영어는 넘기에 쉽지 않은 벽이다. 물론 잘하면 못하는 것보다는 백 배 낫다. 그러나 언어는 언어일 뿐이고 관계 맺기를 위한 하나의 도구일 뿐이다. 영어가 모든 것을 해결해 줄 '무료 통행권'이자 '마법의 지팡이'일 수는 없다.

그러나 이성적으로는 이처럼 말하면서도 실제로는 '그럼에도 불구하고'라면서 영어에 엄청난 시간과 노력을 투자하게 된다. 그 열정은 인정하지만 동시에 다른 한쪽에 차곡차곡 쌓여나갈 감정의 폐기물들이 어느 순간 공격적인 행동, 증오라는 형태로 터져나올 것을 생각하니 조마조마해진다.

　모든 사람이 다 영어를 잘 해야만 하는 것은 아니다. 영어를 못한다고 못난 인간이 되는 것도 아니다. 다만 조금 불편할 뿐. 그렇게 생각하자. 물론 가슴은 여전히 아리고 배는 싸해도 머릿속의 불안감은 잦아들 것이다.

2장

자아의 두 얼굴

그래도
가끔은
자판기 커피가
그립다

개성화와 사회화

"커피나 한 잔씩 들고 들어갈까?"

병원 식당에서 먹는 밥이 질릴 때 가끔 전공의나 학생들과 점심을 먹으러 나가는데, 그날은 중국집에서 밥을 먹고 들어가는 길이었다. 사실 '풀 서비스'를 해야겠다는 마음에 별 생각 없이 한 말이었다. 구내 자판기도 있지만, 길목에 스타벅스 간판이 보여 '이왕이면 다홍치마'라는 생각에 문을 밀고 들어갔다. 나는 평소처럼 아메리카노를 시켰는데, 같이 간 젊은 친구들은 다들 제각각이었다.

"모카 프라푸치노, 휘핑 빼고요."

"카푸치노 톨, 샷 추가요."

"그린 티 라테 톨 시럽 추가요."

일단 주문하는 데만도 5분이 넘게 걸렸고, 마지막 사람이 주문을 마치고 결재를 위해 사인을 할 때는 어느새 난 표정에도 신경을 써야만 했다. 밥값보다 훨씬 많이 나오다니……. 식당에서는 내가 볶음밥을 시켜서 그랬는지는 몰라도 "잡탕밥 먹을래요"라고 말하는 사람은 없었고, 대략 자장면, 짬뽕과 볶음밥 사이에서 해결이 되었다. 은연중에 사회적 약속이라는 것이 학습돼 집단의 규범을 충실히 따른 것이다. 이를 심리학 용어로는 순응(compliance)이라고 부른다.

학자들에 따르면, 순응은 모든 연령에서 발견되는 보편적 특징으로 집단간의 경쟁이 치열할수록 더욱 충실하게 이루어진다. 그런데 사람에게는 순응만 있는 것이 아니다. 대부분의 사람들은 표면적으로 집단의 규범을 충실히 따르는 것같이 보이지만 물밑으로는 타인과 차별화된 개성을 추구하려는 치열한 욕구를 지니고 있다. 그 안에서 각기 나름대로 자기 역할을 발달시켜 나가는데, 중국음식점과 커피전문점에서의 다른 행동이 바로 사람들의 양면성을 보여주는 흥미로운 예라고 할 수 있다.

커피 한 잔에 담긴 추억

커피가 우리 삶 안에 들어온 것은 100년 남짓 되었다. 고종황제가 "이런 쓴 차가 다 있나"라면서 마시기 시작한 것이 처음이었다고 한다. 이후 커피를 마시는 공공장소는 '다방', '커피숍', '카페'라는 이름으로 진화·발전했다. 다방에서는 달달한 커피가 유행했고, 원두커피 가루를 뜨거운 물로 내린 아메리칸 커피를 마시는 카페가 들어서더니 요즘은 스타벅스를 필두로 한 커피전문점이 대세다. 새로운 커피 문화, 이것이 이 시대에 던져준 화두는 무엇일까.

　대학생 때 데뷔를 준비하는 한 영화감독과 어울려 지낸 적이 있다. 그는 자신의 고향인 충청남도 대천 부근에 여관방을 잡아주고는 우리에게 시나리오를 써보라고 했다. 나와 후배는 공짜로 먹여주고 재워주고 잘되면 돈도 벌 수 있는 여름방학 피서 아르바이트를 마다할 이유가 없었다. 그곳에서 우리를 챙겨준 사람은 감독을 '선배'로 모시던 동네 건달 형이었는데, 보호받는 것인지 감시당하는 것인지 경계가 불분명한 상태에서 그가 매일 아침저녁으로 빼놓지 않고 시켜주는 동네 다방 커피를 맛보게 되었다.

　"작가 선생님들, 커피 한 잔 드시고 힘내서 글쓰세요."

　여관방에 들어선 다방 아가씨는 다소곳이 앉아서 우리에게 커피를 타줬다. 20대 초반의 우리는 그 형 옆에서 어른들의 농담을 배워나갔다.

　"김 양아, 오늘은 무슨 색 팬티를 입었나?"

　"저녁에 몇 시에 끝나나? 소주에 아나고 먹을까?"

　아가씨는 커피를 따르며 농을 받아주다가 갔다.

　어느 날 우리끼리만 있을 때 배달이 왔다. 우리는 그동안 보고 배운 것을 실습해 보았다. 아가씨에게 시답잖은 농을 던져본 것이다. 그녀의 반응은 싸늘했다.

　"커피나 빨랑 드셔, 동생들."

　그때 그녀의 눈빛이 담은 복잡한 의미와 냉소적인 웃음, 각을 세우는 경계의 눈빛, 순간 마주친 시선을 거두고는 자기 일에만 집중하며 충분히 거리를 유지하는 행동은 몇 초 사이에 벌어진 일이었지만 지금도 잊히지 않는다. 이것이 내 기억속에 남겨진 달달한 다방커피의 추억이다.

하지만 스타벅스의 커피 문화는 완전히 다른 차원을 열었다. 일단 커피를 주문하는 방식부터 다르다. 심지어 줄을 서서 커피를 사야 하는 것이다! 단체급식이나 구호물품도 아니고, 밥값보다 비싼 값을 치르는 데 말이다. 게다가 다 마시고 난 뒤에는 물 따로, 쓰레기 따로 버리고 컵도 잘 정리하고 떠나야 한다. 기존의 다방이나 카페에서는 상상도 못 할 일이다. 그런데도 사람들은 아무런 저항 없이 고분고분 따른다.

복잡한 커피 이름과 컵의 크기를 외우고 점원 역시 그것을 또랑또랑한 목소리로 '화이트 초콜렛 모카 톨' 하며 확인한다. 더 나아가 다양한 제휴 할인 카드를 확인하기 위해 점원과 상당한 대화를 나눠야 주문을 마칠 수 있다. 잔잔한 음악을 들으며 여유로움을 만끽했던 카페의 모습은 찾아볼 수 없고, 무신경하게 커피콩을 가는 기계 소리만 시도 때도 없이 들릴 뿐이다.

남과 다른 나를 드러내기 위한 노력

전문점 커피는 복잡한 개인의 취향을 묻고, 개인화를 지향한다. '아이스 화이트 초콜릿 모카', '그란데'까지 말하는 데 그치지 않고 '샷 추가', '바닐라 시럽 추가', '휘핑 크림을 빼라'는 추가 주문으로 자신의 취향에 따른 레시피를 만든다. 복잡하지만 이것저것 시도하면서 나만의 취향이라는 것을 완성해 나가는 재미가 있다. 물론 이렇게 되기까지는 피곤함과 시행착오의 고통을 감수해야 한다.

커피전문점에서 자신만의 커피를 주문하는 행위에는 '나와 너는 다르다'는 것을 확인하는 동시에 끊임없이 '나만의 나'를 만들려는 노력이 반영돼 있다. 이를 개성화(individuation)의 노력이라고 한다.

영어의 개인(individual)은 '더 이상 나눌 수 없는(in + divide)' 존재를 뜻한다. 교복을 입는 학생이 치맛단을 줄이거나 카디건을 입는 것은 주어진 환경 안에서 어떻게든 남과 다른 모습으로 보이려는 궁여지책이다. 개성화를 향한 욕구는 인간 본성의 중요한 요소로, '나만의 나'를 만들려는 마음에 죽음까지 각오했던 사람들도 있다.

이란에 랄레흐 비자니와 라단 비자니 자매가 바로 그 예다. 이들은 일란성 쌍쌍둥이로 태어나서 평생을 함께 살았는데, 머리는 따로 있지만 유전자를 백 퍼센트 공유하고, 몸통이 붙어 있기 때문에 어느 곳을 가든 같이 가야만 했다. 당연히 경험도 공유할 수밖에 없었다.

두 사람은 모두 법대를 졸업했고 스물아홉 살이 되었다(한몸인 두 사람은 다른 과를 선택할 수 없고 수업과목도 같아야 했을 것이다). 어려운 육체적 환경에도 성공적인 생활을 꾸려왔던 두 사람은 그해에 힘든 결단을 내렸다. 몸통을 분리하는 수술을 받기로 한 것이다. 수술이 성공할 확률은 반반일 뿐이었지만 두 사람은 죽음을 무릅쓴 일을 결심했다.

수술을 앞두고 그녀들은 기자들에게 "우리는 세계관도 다르고 생활 방식도 다릅니다. 어떤 일에 대해 판단하는 방식도 다릅니다"라고 말했다. 랄레흐는 기자가, 라단은 변호사가 되고 싶었다. 이제는 자기만의 독립적 삶을 살고 싶었기에 단순히 생명을 연장하기 위해 몸통을 붙여놓은 채 사는 것은 더 이상 의미가 없다고 동의한 것이다. 2003년, 그들은 수술을 승낙한 싱가포르의 래플스 병원으로 날아가 수십 시간에 걸쳐 수술을 받았다. 하지만 끝내 사망하고 말았다.

그들은 후회하지 않았을 것이다. 자기만의 삶을 산다는 것은 삶을 이어가는 것 이상의 의미가 있다는 것을 29년간 수없이 느껴왔을 것이기 때문이다. 그만큼 사람에게 '나만의 나', '남과 다른 나', '남과 다른 선택을 해 남과 구분된 정체성을 형성하는 것'은 생명을 던지고 위험을 무릅쓸 만큼의 가치가 있다. 커피를 고르는 행동도 결국 자기의 취향을 통해 타인과 나를 구별하려는 노력의 최전선인 것이다.

취향을 숨기고 소통을 선택할 때

반면 커피믹스는 단순하다. 머리를 쓸 일이 없다. 그냥 한 봉 열어 물에 타서 휘휘 젓기만 하면 된다. 스타벅스에서 주문한다면 수십 분이 걸릴지도 모를 일이 "커피 마실 사람 손들어!" 한마디면 단번에 끝난다. 놀랍게도 커피를 받아든 사람들은 설탕이나 프림을 더 넣어달라는 추가 주문은 하지 않는다. 커피전문점에서는 그렇게도 까다롭던 이들이 커피믹스로 마실 때에는 그 맛에 자신을 맞추는 것이다.

복잡하게 머리 써야 할 일이 많은 삶 속에서 커피 한 잔은 머리에 쥐가 나는 한계상황을 잠시 벗어나게 해준다. 그 안온한 시간마저 복잡한 선택을 하는 데 에너지를 쓰고 싶지는 않다. 번역하면 '선택하세요'라는 뜻이 되는 커피 브랜드가 다른 브랜드에 비해 한국에서 큰 인기를 끌지 못하고 있다는 사실은 어쩌면 선택을 강요하는 그 이름 때문인지도 모른다. 내용물은 정해져 있는데 '선택하세요'라니 말이다.

커피믹스가 주는 장점은 또 있다. 먹어보지 못한 이상한 맛을 느낄 위험성이 '제로'라는 점이다. 게다가 커피전문점에 비하면 파격적으로 값이 싸다. 누구나 부담없이 즐길 수 있고, 후한 인정을 베풀 수 있는 좋은 매개체가 되기도 한다. 사무실의 탕비실에 가지런히 꽂혀 있는 커피믹스 봉지들은 마시고 싶은 사람은 얼마든 가져가라는 우리네 후한 인심을 보여주는 듯하다.

거래처를 방문했을 때나 다른 사람의 집에 갔을 때 상대방이 "커피믹스인데 괜찮겠어요?"라고 물으면 "저 다방커피 좋아해요. 감사합니다"라고 대답한 적이 누구나 한 번쯤은 있을 것이다. 여기에서는 한국식 소통도 엿볼 수 있다. 그저 커피믹스뿐이라는 상대방의 겸손한 인사는 마치 "차린 것은 없지만 많이 드세요"라며 손님을 맞는 마음과 같다. 이에 손님은 "저 드립커피 아니면 안 마시는데⋯⋯"라는 식의 대답은 하지 않는다. 까다로운 취향이 아니라는 간접적 의사 표시로 상대방의 긴장을 풀어주면서 둘 사이의 소박한 접점을 만드는 것이다.

어색한 기운이 흐를 때 의사소통의 물꼬를 터주는 커피믹스. 두 사람 모두 밖에서는 에스프레소를 더블로 마시는 사람일지도 모른다. 유독 커피믹스가 한국 시장에서 강력한 매출을 자랑하는 데는 이런 정서가 밑받침되고 있기 때문 아닐까. 1977년 동서식품에서 처음 개발한

커피믹스는 전체 커피 매출 중 75퍼센트 정도를 차지하고 있다고 한
다. 외국의 인스턴트 커피 시장이 전체의 13퍼센트에 불과한 것을 감
안하면 대단한 양이다.

무선택의 편안함

취향을 감추는 커피믹스 안에서 나는 익명으로 남아 있을 수 있
다. 여러 사람과 함께한 자리에서 나만의 취향을 드러내는 것은 자칫
피곤한 일이 될 수도 있다. 또한 군중 속에서 익명으로 남을 때 그 안
에서 구성원으로서의 결속력은 강해진다.

엘리아스 카네티(Elias Canetti)는 『군중과 권력(Masse und Macht)』
에서 군중 내부에서 일어나는 가장 중요한 사건을 '방전'이라고 했다.
여기서 방전이란 구속 상태로부터의 해방, 에너지의 폭발적 방출 같은
것이다. 군중 속에서 방전이 일어나면, 신분과 재산 등에 의한 차이는
사라지고 군중의 구성원은 모두가 평등하다는 느낌을 갖게 된다. 이
순간을 맛보기 위해 인간은 군중을 형성해 익명이 된다.

하지만 방전은 근본적으로 환상에서 비롯된 것이기에 오래 지속되
기 어렵다. 그럼에도 방전의 경험이 매우 강렬하기 때문에 커피믹스를
선택하거나 취향을 감추고 익명 속에 숨으면서 사람들은 방전의 순간
에 한 발짝 가까이 다가가려 한다.

주디스 리치 해리스(Judith Rich Harris)는 『개성의 탄생(No Two
Alike)』에서 사회적 발달의 세 단계를 설명했다. 첫 번째가 관계를 관

리하는 단계이고, 두 번째가 사회화 단계이며, 세 번째가 다원적 의미로 경쟁자와 경쟁해서 이기는 단계이다.

그중에서 사회화 단계는 모두가 같은 선택을 해야 편안해지는 심리와 관련이 있다. 사회화는 자신이 속한 사회의 다른 구성원들에게 용납되는 행동방식을 익히는 것으로, 구성원들은 서로의 행동이나 생각, 감정을 보면서 유사성을 강화한다.

인간의 사회화에 가장 큰 영향을 미치는 것은 문화다. 동일한 문화권에서 자란 사람은 성격과 사회 행동이 비슷하고 의학적 취약점조차도 비슷하다. 문화적 동일성을 경험하면서 사회화의 속도가 붙고, 그 안에서 사람들은 안정감을 느낀다. 마치 물고기가 떼를 지어 헤엄치고, 새들이 때가 되면 본능인 양 북쪽으로 날아가듯이 인간은 문화적 특징을 보고 익히는 본능을 타고났다. 영락없는 호모 사피엔스의 면모다. 자기가 속한 사회에 적합한 행동을 해야 따돌림을 당하지 않을 수 있고 소속한 집단이 제공하는 안정감을 얻을 수 있다. 또한 개인만으로 모자란 부분은 다른 구성원의 품앗이 서비스를 통해 채운다.

사회화는 인간의 생존과 연관되기에 무엇보다 중요하다. 그 때문에 사람들은 획일화라는 불편감을 느끼면서도 더 큰 집단의 문화를 습득하고 내재화한다. 물론 한켠에서는 끊임없이 타인과 자신을 비교하면서 차이를 인식하고 자기만의 세계를 만들려고 노력한다. 인간은 이 두 과정을 반복하면서 사회적 안정감과 개인적 정체성의 균형을 이뤄나가며 '참자기(true self)'를 만든다.

취향이 모여 만들어지는 성숙한 사회

커피믹스는 커피전문점의 경쟁자가 아니라 대체재다. 새로운 도시 문화의 유입을 막을 수는 없으며, 어쩔 수 없이 또는 자발적인 선택에 의해서 그 길을 따라갈 수밖에 없다. 도시라는 곳에서 생존하기 위해서 문화의 변화에 적극적으로 동참해야만 한다는 압박감이 사람들을 짓누를 때, 사람들은 커피믹스를 찾는다. 달달한 커피의 맛은 고향의 안위로운 쉼터를 연상시켜 준다. 커피전문점에서 띄우는 미소가 승리의 의미이자 타인의 시선을 의식하는 그것이라면, 커피믹스나 자판기에서 뽑은 종이컵 속의 커피는 초라하고 위태로운 도시인의 편안하고 소박한 휴식이라고 할 수 있다.

그러니 커피전문점들이 잘될수록 커피믹스는 더 많이 팔릴 수밖에 없다. 언뜻 보면 같은 커피 시장을 놓고 경쟁하는 것 같지만, 인간의 심리를 이해하고 나면 두 시장이 각자의 대체재이자 보완재 역할을 하고 있는 것을 알 수 있다.

커피전문점의 등장은 우리 사회가 전과 달리 개인의 취향에 대해 참을성을 갖고 존중하며 기다릴 줄 아는 여유를 가지게 되었다는 반증이기도 하다. 사람들은 균질성과 통일성이 주는 편안함만큼 획일성이 갖는 단점 또한 잘 이해하고 있다. 그러면서 점차 개인화된 취향에 우선권을 주기 시작한 것이다.

분석심리학자 칼 구스타브 융은 "우리의 삶은 불멸의 무한한 세계가 유한한 세계 속으로 뛰어든 사건이다. 더 나아가 우리의 삶은 끊임없는 성숙을 지향하는 존재이다. 그 지향이 바로 개성화인 것이다"라며 개성화의 중요성을 역설하였다.

흔히 개성화와 개인주의는 혼동된다. 개인주의적으로 자기 지분을 명확히 하는 것은 개성화가 아니다. 개인주의적 기질은 도리어 그 사람의 사회적 실현을 이루는 데 방해가 된다.

반면 개성화는 온전히 자신이 남과 다른 독특한 존재라는 확신이 있을 때 이루어진다. 개성화는 인간이 전체적인 모습으로 자신을 실현하는 과정이고, 각각의 개성화가 일어날 때 획일화된 집단에서는 절대 얻을 수 없는 질적으로 성숙한 사회가 구현될 수 있다.

그런 의미에서 우리는 커피전문점에서 또 식당에서, 메뉴를 주문할 때 서로 다른 것을 주문하고 조금은 복잡하고 세심하게 취향을 드러내는 것에 대해 관대해져야 한다. 그것을 이기적이고 개인주의적인 것으로 치부할 것이 아니라, 개성화를 위한 작은 노력의 일환으로 이해해야 한다.

물론 나만의 레시피와 메뉴로 독자적 취향을 만들어가는 일은 에너지와 시간을 요구하며, 때로 자잘한 실패를 불러온다. 그래서 가끔 커피믹스의 균질성과 신뢰도 있는 맛을 찾게 된다. 개성 존중의 필요성을 인정하나 여기에 맞닿아 있는 획일성과 균질성이 주는 안정감, 신속함 및 경제성의 유혹이 묘한 균형을 이루려 노력하고 있는 것이다.

이 메커니즘은 집단과 개인 사이의 긴장 관계에도 적용된다. 집단은 개인의 취향을 최대한 억제하고 구성원들 사이의 동질성을 균일하게 유지하도록 요구한다. 유니폼을 입고, 같은 시간에 출근하고, 같은 구내식당의 밥을 먹기를 바란다. 그러나 개인은 자신의 정체성이 집단에 함몰되기를 꺼린다. 집단의 압력이 커질수록 개성을 지키려는 방어본능은 강해진다. 유니폼은 입지만 매니큐어를 칠하거나 머리띠를 함으로써 취향을 드러낸다. 커피전문점에 가서 커피를 마시는 것도, 구내식당이 아닌 혼자만의 점심시간을 갖는 것도 모두 같은 노력의 하나이다.

커피믹스와 커피전문점의 차이는 현대인이 집단에 속해 있으면서 안정감을 느끼는 동시에 개별 정체성을 유지하기 위해 안간힘을 쓰는, 불균형과 균형 사이의 진자운동이 드러나는 상징물이 된다. 건강한 긴장감이 유지되고 집단과 개인 사이의 균형추가 오고가면서 사람들은 조금씩 내년의 불안을 능숙하게 다룰 수 있게 되고, 성숙한 인간으로 한 뼘씩 커간다. 인간의 내면에는 두 가지 속성이 항상 존재하는 것이다.

한 사람이 정장과 평상복을 적절히 골라서 입듯이 커피라는 음료를 놓고 전투와 휴식모드를 번갈아 취하는 것, 도시인이 갖고자 하는 변화와 균형의 단면이다.

새로운
노인 세대가
등장했다

나이듦의 양극화

전철이나 버스의 노약자 보호석은 사실 노인들만의 자리라 해도 과언이 아니다. 어린 아이나 장애인, 임산부와 같은 약자에게 허용되지 않는 경우가 많기 때문이다. 정확히 말하면 '스스로 노인이라고 생각하는' 사람들의 자리라고 할 수 있다.

오래전부터 해보고 싶은 실험이 하나 있다. 노약자 보호석에 앉아 있는 사람을 대상으로 그들의 실제 나이를 알아내고, 같은 객차 안의 사람들에게 그들이 몇 살로 보이는지 쓰라고 하는 것이다. 실제 나이보다 타인에 의해 기록된 나이가 훨씬 많을 것이라는 것이 나의 가설이다.

양손에 짐을 들고 있을 때나 하루 종일 걷거나 서 있다가 집으로 가야 할 때면 노약자 보호석을 보는 심정이 복잡해진다. 멀지 않은 미래에 노인이 된 나의 모습은 어떨까 하는 생각이 드는 것이다.

오랜 시간이 지나 내가 나이 들어
머리 숱이 없어져도
발렌타인데이나 생일에 축하주를 보낼 건가요?

만일 내가 한밤중에 돌아오면
문을 잠가버릴 건가요?
내가 예순네 살이 되어도
나를 원하고 챙겨줄 건가요?

당신도 나이가 들겠죠.
그땐 이렇게 말하겠지요.
당신과 함께 있어줄 수 있다고.

전기가 나가서 퓨즈를 갈아야 할 때
내가 고칠 수 있어요.
당신은 화로 옆에서 스웨터를 짜고
일요일 아침에는 드라이브를 가죠.

정원을 가꾸고 잡초를 뽑으며 뭘 더 바라겠어요?
내가 예순네 살이 되어도
나를 원하고 챙겨줄 건가요?

1960년대 초반에 비틀스의 폴 매카트니는 〈내가 예순네 살이 된다면 (*When I am Sixty-four*)〉이라는 노래를 불렀다. "내가 늙고 병들어도 나를 사랑해 줄 것이냐"며 말이다. 하지만 1942년 6월에 태어난 폴은 예순네 살이 되던 2006년, 연인에게서 사랑을 확인하지 못했다. 1998년에 첫 부인과 사별한 후, 교통사고로 왼쪽 무릎 아래를 잃고 재활운동을 하던 모델 출신 밀스 헤더를 만나 2002년 6월 재혼했지만, 손자들을 무릎에 앉히고 별장에서 즐거운 시간을 보내는 예순넷의 노년은 맞지 못했다. 대신 네 살짜리 딸 베아트리체의 양육권을 포함한 1,000억 원 대의 이혼 소송을 시작했다. 그의 예순네 살은 바로 그랬다.

불가능하다는 걸 알면서도 우리는 모두 젊음이 지속되기를 바란다. 그리고 차선책으로 비교적 안정적인 생활을 영위할 수 있는 '괜찮은' 노년을 꿈꾼다. 그러나 부와 명예를 걸머쥐고 있고, 지구상에서 자신이 원하는 것은 대부분 다 할 수 있을 것 같은 폴 매카트니조차도 20대에 꿈꿨던 노년의 그림을 현실에서는 만나지 못했다. 지금 그가 현재의 모습을 노래로 만든다면 무슨 내용을 담을까.

이제는 노년의 변화를 꿈꾼다

조녀선 스위프트의 『걸리버 여행기』 3편을 보면 '러그내그'라는 나라가 나온다. 그곳에는 '스트럴드브러그'라는 늙기만 하고 죽지는 않는 존재가 살고 있다. 이들은 불멸이지만 젊은 모습을 유지하지는 못한 채 나이가 들면서 점차 추해지고 약해지며 쭈글쭈글해진다. 스위

프트는 "모든 사람은 오래 살기를 갈망하지만, 아무도 나이를 들고 싶어하지 않는다"고 하기도 했다.

사실 그렇다. 20세기 초만 해도 인간의 평균수명은 48세 전후였다. 이후 비약적인 의학 발전과 영양 상태의 개선으로 평균수명이 80대까지 급격히 상승하였다. 겨우 두 세대 만에 두 배 가까이 연장된 것이다.

이전 세대에서는 전체 인구에서 비교적 노인이 소수였기에 지금의 노인 세대보다 많은 것을 누릴 수 있었다. 아래 세대로부터 존경을 받았고, 양보와 장유유서의 노인우대 문화를 만끽할 수 있었다. 하지만 수명 연장으로 갑자기 노인 인구가 과잉되면서 요즘의 노인들은 이전의 미덕을 누리지 못한 채 사회로부터, 젊은이들로부터 소외되고 있다. 이들의 생존 방식을 살펴보는 것은 '저출산 고령화'가 더욱 강력히 진행될 수십 년 후 노년을 맞이할 더 많은 사람들에게 반면교사의 지혜를 줄 것이다.

노년기의 가장 두드러진 특징은 융통성의 저하다. 변화를 싫어하게 되고 있는 그대로의 틀 안에서 머물기를 원하게 된다.

을지로에 불고기와 평양냉면을 파는 오래된 가게가 있다. 겨우 차 한 대 들어갈 수 있는 좁은 골목에 위치한 이 가게 때문에 일요일 점심나절은 늦은 오후까지 차로가 막힌다. 주차장은 대형차량으로 붐비고, 할아버지 할머니를 모시고 온 삼대에 걸친 가족들은 대기실에 앉아서 차례를 기다린다.

이북에서 내려온 실향민들의 향수병을 달래주는 장소라 이렇게 대가족이 행차하는 경우가 많다고 한다. 지팡이를 집고 가족들의 부축을 받아 힘겹게, 마치 일요일에 교회 가듯이 냉면 한 그릇을 먹으러 오는 그분들을 보면 두 가지 생각이 든다. 10년 후 그분들이 대부분 세상을 떠나고 난 다음에도 이곳이 지금의 명성을 이어갈까 하는 경제적인 측면과 노인들은 왜 항상 가던 곳에만 가려고 할까라는 심리적 측면이다.

유연하고 상황에 따른 대처가 빠른 편이라고 자부하던 사람도 어느 순간부터 변화가 싫어진다. "내버려둬, 이렇게 살다 죽을래"라는 말이 진심에서 우러나온다. 변화하는 세상에 나를 맞추기보다 지금의 상태를 고수하려는 것이다. 괜히 섣불리 시도했다가는 본전도 못 찾을 것이라고 여기는 일이 잦아지면 노화가 시작되었다는 증거로 볼 수 있다. 어쩔 수 없는 생물학적 변화의 결과다.

나이가 들면 뇌의 기능이 떨어지는데, 특히 전두엽이 관장하던 영역의 세포 활성도가 급격히 저하된다. 해마에서 관장하는 장기 기억은 유지되지만 새로 무언가를 익히는 능력은 줄어드는 것이다. 만약 사회가 10년 전이나 지금이나 변함 없는 모습으로 젊었을 때나 늙었을 때나 마찬가지라면 혼란을 느낄 일은 없다.

그러나 도시의 삶은 사람을 편안하게 늙게 놔두지 않는다. 젊은이들마저도 혼란스러울 정도로 도시의 랜드마크는 시시때때로 바뀐다. 식당이 있던 자리가 몇 달 만에 편의점으로 바뀌고, 오래된 빌딩과 가옥이 있던 지역은 아파트 단지로 다시 태어난다. 사람들은 이를 개발이라고 하고 세상의 변화에 맞춰가는 것이라고 하지만, 모든 사람이 발을 맞추기에는 변화의 속도가 너무나 빠르다.

정신과에서 사람이 '깨어 있음'을 평가하는 기준은 두 가지다. 하나는 의식의 명료함을 보는 것이고 다른 하나는 지남력(orientation)이라는 것을 평가하는 것이다. 지남력이란 그 사람이 시간, 장소, 사람에 대해 정확히 인지하고 있는지 평가하는 것이다.

의식은 또렷해도 오늘이 무슨 요일이고 지금이 몇 시인지, 어디에 와 있는 것인지, 같이 온 사람이 누군지 밝히지 못하는 경우가 예상외로 많다. 특히 노인에게서 뚜렷이 관찰되는데, 장소를 나타내는 주요 지표들이 지금처럼 빠르게 바뀌는 곳에서 지남력을 온전히 유지한다는 것은 갈수록 어려운 일이 될 것이다. 나만 해도 오랜만에 학창시절을 보낸 대학로에서 사람을 만나려 해도 도대체 어디서 만나자고 해야 할지 몰라 고민스러울 때가 한두 번이 아니니 말이다.

이런 혼란을 해결하기 위해 방법을 찾아야 한다. 첫째, 소극적 해결책이지만, 환경이 변화하지 않을 곳을 찾아내고 그곳에 모여서 자기들만의 리그를 만드는 것이다. 편한 사람들끼리 익숙한 장소에 모이면 헷갈릴 이유가 없다. 탑골공원, 도봉산, 수락산, 관악산 부근 만남의 장소, 콜라텍 같은 곳이 대표적이다.

두 번째, 세상이 어떻게 변했든 미리 정해놓은 원칙을 완고하게 지키고, 예외는 인정하지 않는 방법이 있다. 예외를 인정하려고 하면 경우의 수가 너무 많아져서 헷갈리고 지남력을 중심으로 한 전체적 프레임이 다 흔들려버릴 위험이 있기 때문이다. 노약자 보호석은 노인을 위한 자리라고만 굳게 믿고, 그 외의 존재가 그 자리를 차지하는 것을 참지 못하고 공격하는 노인들이 이런 경우에 속한다고 볼 수 있다. 머릿속의 '노약자 및 임신부'라는 글자에는 '노' 자가 다른 글자보다 두세 배는 크게 그려져 있는 것이다.

몇 번 상처를 입고 나면 이런 경향의 사람들이 갖는 피해의식은 커진다. 자신들이 젊을 때 했던 희생이 억울하고, 자신들이 윗세대를 공경했던 것과 비교할 때 현재 받는 대접이 너무 형편없다고 여긴다. 이런 마음은 평소에는 수면 밑에 잠복해 있다가 책잡힐 일이 하나라도 벌어지면 벌떼와 같이 솟아오른다.

고립은 심화되고 그 안에서 자신만의 논리로 세상을 탓하며 합리화한다. 그리고 원망을 시작하며 힘들어하고 우울해하며 죽지 못하는 육체를 한탄한다. 도시의 뒷골목에서 낮에 반주로 마신 소주 한 병에 취해 비틀거리다가 지하철역 구내에서 시비를 거는 이들은 이런 심리의 최대증폭치의 결과다.

갈수록 완고해지고 세상의 변화를 온몸으로 거부하며 '옛날이 좋았다'고 회고하는 그들을 세상은 '꼰대'라는 명칭으로 비아냥거린다. 자발적 고립은 세상과의 소통을 점차 단절시킨다. 자물쇠를 안에서 잠그고 하늘만 쳐다보는 형국인 것이다.

변화를 따르는 사람들, 보신형 노년

서퍼가 파도의 흐름을 타고 서핑을 하듯이 물의 흐름이 바뀌면 자기 방식을 고집하지 않고 거기에 맞춰서 자신을 내맡기는 사람도 있다. 앞에서 제시한 노인형이 생리적 노화에 의한 일반적인 모델이며 고전적 방식으로 예측 가능한 유형이라면, 이들은 새로운 노년 문화를 선도하는 신종 유형이다.

어느 날 출산 휴가에 들어가는 후배에게 산후조리는 어디서 하고, 복귀 후에는 누가 애를 봐줄 것인지 물었다. 그러자 후배는, "글쎄요. 아직 막막해요……"라며 한숨을 푹 쉬었다. 어머니나 시어머니가 도와주지 않냐고 다시 물었다.

"언니가 처음 애를 낳았을 때에는 친정엄마가 첫정이라고 봐주시더니, 이번에는 돈 대 줄테니 산후도우미를 쓰든지 산후조리원에 들어가래요. 황당해서 '엄마 맞아?'라고 했더니 엄마도 엄마 인생을 살아야 하지 않겠냐고 하시네요. 직장맘이 월급 받아서 아줌마 주고 나면 남는 것도 없다는 말이 사실인가 봐요."

엄마도 엄마 인생을 살아야 한다며 당당히 얘기할 수 있는 새로운 노년 세대가 등장한 것이다. 몸과 시간을 바치기보다 돈으로 해결하겠다는 자신감도 중요한 요소로 작용한다.

예전에는 오직 자식의 안녕과 평안을 위해, 자기 피붙이 손자의 건강한 성장을 위해서 모든 걸 희생했다. 그것이 노년의 삶의 가치요 미션이라고 여겼다. 그러나 시간이 지나 '손익계산서'를 두드려보니 '계산이 맞지 않는다'는 것을 깨달은 이들이 점차 늘고 있다. '남는 게 없는 장사'라는 것이다.

노력하고 희생해도 자식들은 그리 고마워하지 않았던 것이다. 자칫 일찍 재산을 물려줬다가 노인병원과 요양원을 전전하거나 자식들의 집을 몇 달 단위로 옮겨가며 찬밥 신세가 되어 불쌍한 말년을 보내는 선배들이 보인다. 자식들 공부시키고 사업하는 데 보태준다고 일찍 재산을 정리해서 자식들에게 모두 넘겨준 사람일수록 말년이 불행하다는 것이 확인되자 노인들은 '인생이란 무엇인가?' 고민을 시작했고 결국 자신의 현재와 미래를 저당잡혀 자식에게 불확실한 투자를 하는 것을 거부하기로 결정했다. 이런 생각을 하는 사람은 '내가 더 소중해', '나도 내 인생을 살아야 해'라는 마음이다.

특히 그들은 70년대 경제성장기의 주역으로 일찍이 자신의 모든 것을 바쳐서 열심히 일한 세대다. 덕분에 자본을 축적할 수 있었고, 그것을 밑바탕으로 즐기는 법을 배우기 시작했다. 이들은 젊은이 못지않게 문화에 대한 관심도 지대하다. 다만 그동안 즐길 시간이 없어서 못 즐겼을 뿐이다. 이중 꽤 많은 이가 고등교육을 받은 첫 세대이기도 하니 생각하는 방식이 이전 세대와 다를 수밖에 없다.

이런 변화의 징후는 가장 대중적이라고 할 수 있는 텔레비전 주말드라마에까지 나타나고 있다. 〈엄마가 뿔났다〉에서 시아버지를 모시고 대가족을 이끌며 모든 것을 참고 살던 며느리는 생일 날 모인 가족 앞에서 "앞으로 1년간 휴가를 가겠다"고 폭탄 선언을 한다. 자식들은 농담일 것이라 여기지만 그녀의 결심은 완고했다. 1943년생 작가 김수현이 세상을 향해 얘기하는 메시지인지 모른다. 자발적으로 자기 삶을 살기 시작하는 사람들뿐 아니라 집안에 틀어박혀 주말드라마를 보는 수동적인 노인들에게 작가는 '변화하라'고 외치고 있다. 그리고 사회는 여기에 반응하고 있다.

끓어오르는 자기실현의 욕구

이들이 택한 방식은 '자식을 위해 희생하는 것은 내 인생이 아니다'라는 것이다. 심리학자 에이브러햄 매슬로(Abraham Maslow)는 인간 행동의 동기에 다섯 단계의 위계질서를 부여했다. 1단계는 성욕, 식욕과 같은 생리적 욕구의 실현이고, 2단계는 물리적, 심리적인 안전감을 확보하기 위한 동기의 형성이며, 3단계는 누군가로부터 사랑받고 어디에든 소속되고자 하는 사회화의 욕구에 집중한다. 4단계는 다른 사람으로부터 인정받고 존경받는 위치가 되고자 하는 것이다. 그리고 마지막 5단계는 누가 뭐라고 하든지, 어디에 소속되든 말든 나라는 사람이 '참자기'가 될 수 있는, 내가 나라고 여길 수 있는 자기실현(self-actualization)의 욕구를 위해 노력하게 된다는 것이다.

이 가설에 따라 추론해 보면 젊을 때에는 1~3단계까지를 실현하기 위해 몸부림쳐온 인생이라고 할 수 있다. 한편 이전 세대의 일부는 자식들을 위해 희생하고 손자들을 돌봐주는 것을 통해 자신이 속한 가족 공동체에서 소속감을 느끼며 3단계를 유지하였다. 또한 덩달아 그 행동으로 가족들의 존경과 인정을 받으며 4단계의 욕구를 실현하기도 했다.

그런데 고등교육을 받고 자기 자본을 축적했으며, 이미 어느 정도 사회적 존경을 경험해 본 사람들이라면 굳이 자식들을 위해 희생하는 것으로 인간의 본능적 욕구를 충족받고자 하는 동기가 생기지 않는다. 그보다 노년기에 이르러 비로소 '자기실현'을 완수하고 말겠다는 욕구가 더욱 현실적이고 절박하게 다가올 것이다. 그러기에 자식들의 요구를 돈으로 무마하며 자신을 위해 투자하고 끝까지 재산을 지키며 예전 세대에 비해 조금은 '이기적'으로, 사실은 '자신을 위해 자기가 되기 위한 투자'를 하며 인생을 즐기기 시작하는 것이다.

아이를 위해 많은 시간을 보내고 삶의 지혜를 나눠주는 것이 오랜 세대 동안 이어져온 조부모들의 임무였다면 지금은 아니다. 손자가 좋은 대학에 가려면 아이의 특출한 머리가 아니라 '할아버지의 재력, 아버지의 실력, 어머니의 정보력'이라는 삼박자가 갖춰져야 한다는 말처럼 조부모는 더 이상 삶의 지혜만을 나눠주는 존재가 아닌 것이다.

아버지가 실력이 있다는 것은 어느 정도 지적 성취를 할 능력이 있다는 것을, 어머니의 정보력은 급변하는 입시체계와 좋은 학원을 찾아내는 능력을, 하지만 그것을 뒷받침해 주는 물리력은 부모가 아닌 조부모로부터 잉태된다는 것이다. 조부모의 권위는 이제 재력이 뒷받침되지 않으면 의미를 갖지 못한다. 삶의 냉정함이 여기서도 드러난다.

한국의 노인들은 급격한 속도로 양극화되고 있다. 온몸으로 변화를 거부하지만 불안에 떨며 소외받고 있는 그룹, 어느 정도의 경제적 여유를 기반으로 자신의 자아실현과 행복추구를 제일의 가치로 두는 그룹이 노인 사회를 구성한다.

양적 측면에서 보면 아직은 첫 번째 그룹이 압도적일 것이다. 하지만 두 번째 그룹의 증가세도 만만치 않다. 386세대가 노인 인구로 진입하는 10년 후가 되면 도리어 두 번째 그룹이 실질적 주류가 되어 노인 인구의 중심축이 될 가능성이 크다. 분명한 것은 누구든지 둘 중의 하나에 속할 것이라는 사실이다. 그리고 그것은 지금 여기서 이미 결정되어 가고 있다.

나의 예순네 살은 어떤 모습일까? 이미 반쯤은 결정되어 있을 것이다. 그러나 그 반쪽을 열어보기가 겁이 난다. 지금 열어보나 나중에 열어보나 지금 내가 전혀 다른 모습이 되는 것은 아니라는 것을 알기 때문이다. 그냥 지금 이대로의 나의 모습에서 아주 많이 변하지만 않았으면 좋겠다.

인생이
달라질 거예요,
코만 높이면……

신체이미지와 변신환상

"개업한 지 3년 만에 반 정신과 의사 됐어. 병원에 수술 상담 하러 오는 환자들 관상을 잘 봐야 하거든. 탤런트 사진 들고 와서 돈이 얼마가 들어도 좋으니 똑같이 해달라고 우기는 것은 그래도 애교야. 그런 환자보다는 조용히 해달라는 대로 다 해주고 난 다음에 코가 삐뚤어졌다, 눈이 짝짝이가 되었다고 울고불고 하는 환자가 얼마나 무서운 줄 알아?"

"정말 좀 그렇게 된 거 아닌가?"

"내가 그럴 리가 있냐? 사진 찍어서 컴퓨터에 띄워서 자를 대놓고 보여줘도 아니라는 거야. 그리고 소송하겠다고 으름장을 놓는다고. 한두 번 당하고 난 뒤로는 상담할 때 딱 냄새가 나는 환자가 있으면 좋게 말해서 돌려보내. 처음 만났을 때 찜찜한 환자는 어떻게든 문제가 생기거든. 아무리 수술이 필요 없다고 얘기해도 어디서든지 결국은 수술을 하는 게 그런 환자들이야."

성형외과 개원의와 헤어지고 난 뒤 돌아오는 길에 나는 주변을 둘러보았다. 신사동에서 압구정동 사이에만 해도 성형외과 간판이 빌딩마다 한두 개는 있었다. 남들은 사람들이 마음고생을 많이 하니 정신과도 잘될 거라고 추측하지만 정신과는 눈에 보이지 않았다. 그 흔한 내과도 소아과도 보이지 않았다.

"○○대학 동문 병원 성형외과, 유방 수술 전문."

"요요현상 없이 3개월 안에 10kg 감량 보장."

지하철역 안에도 전면광고가 보기 좋게 걸려 있었다. 오랫동안 만나지 못한 동기들의 이름도 간혹 보였다. 만일 이들이 없었다면 지하철과 여성잡지 광고 담당자는 어떻게 영업을 하고, 역세권 빌딩들은 어떻게 생계를 유지했을까 싶을 만큼 광고판이 즐비했다. 비싼 임대료와 고가의 장비, 광고료를 집행하고도 정상적으로 운영된다는 것은 그만한 수요가 있다는 얘기일 것이다.

인생 역전에 대한 간절한 바람

"코만 높이면 제 인생은 달라질 거예요. 아무리 봐도 비뚤어요"라고 몇 달을 주장하다가 결국 성형수술을 결심한 환자가 생각났다. 외모 때문에 성공하지 못하고 남자도 사귀지 못한다고 굳게 믿던 그녀는 부모의 만류에도 강남의 유명한 병원에서 수술을 감행했다. 처음 한동안은 무척 만족하며 지내는 듯했다. 그러나 얼마 지나지 않아 인생이 한 번에 변하지 않는다는 현실을 깨닫고 더 큰 우울감에 빠져들었다. 그녀가 택한 해결책은 재수술이었다. 다른 곳을 손봐서 균형을 맞춰야 한다는 논리를 만들어냈다. 수렁에 빠져들어간 그녀는 자연스럽게 내게는 다시 상담을 받으러 오지 않았다.

시사주간지나 텔레비전 프로그램의 관점으로 보면 외모지상주의가 문제의 원인으로 지목될 것이다. 그러면 성형수술을 받은 사람들이 도리어 피해자가 되고 예쁘고 잘난 것만 찾는 사회풍조가 '나쁜 놈'이 된다. 그러나 그들의 내면을 잘 살펴보면 꼭 그런 것만은 아니라는 것을 발견할 수 있다. 더 나아가 이 성형 열풍 속에서 현대사회의 핵심을 관통하고 있는 키워드를 찾을 수 있다.

미국에서 일반 성인 남녀에게 자신의 신체이미지에 얼마나 만족하는지 설문조사를 했다. 그랬더니 남성의 40퍼센트, 여성의 56퍼센트가 만족하지 못한다고 대답했다. 성형수술이나 비만치료를 받는 수준까지 가지 않더라도 헬스클럽에서 땀을 흘리고 다이어트를 하는 사람들 두 명 중의 한 명은 모두 자기 몸매에 만족하지 못하고 있다는 것이다. 그리고 그들 중 상당수는 그것 때문에 인생이 불행하다고 여기고 우울해한다. 몸이 마음에 안 드니 마음이 멍드는 만성적인 비극에 빠진 것이다.

사람의 몸과 마음은 하나다. 마음이 제대로 생성되지 않은 유아기에는 몸의 감각이 자아를 대신했다. 독자적인 공간을 만들어가기 시작하면서 자아는 '신체이미지'라는 것을 만든다. 내 몸과 어머니의 몸을 구별하는 것부터 시작한다. 어머니의 유방은 내 것이 아니고, 내가 빠는 손가락은 내 것이라고 구별하면서 하나하나 자신의 몸의 움직임을 지각하고 내가 어떻게 생긴 것인지 확인한다. 두 살 반 정도 되면 자기 안에 자신의 신체이미지가 그려진다. 그래서 거울을 보고 그것이 자기라고 여긴다. 얼굴에 포스트잇을 붙이고 거울을 보게 하면 얼굴에 붙은 작은 포스트잇을 떼어낼 수 있다. 자기가 생각하는 얼굴의 이미지와 다른 면을 거울을 보면서 비교할 수 있는 능력이 생겼기 때문이다.

파울 쉴더(Paul F. Shilder)는 1930년경 신체이미지는 자기(self)를 인식하는 기본 구성요소라고 했다. 나와 내가 아닌 것을 구별하는 자아의 원초적 구성요소라는 것이다. 이를 통해 자아의 경계를 명확히 할 수 있게 된다. 그 경계가 불명확해지거나 마음에 늘지 않게 되면 당연히 자아는 흔들리고 자긍심(self-esteem)은 바닥으로 떨어진다.

『백설공주』에서 계모인 왕비는 매일 마술거울에게 물었다.

"거울아 거울아 이 세상에서 누가 제일 예쁘니?"

"그거야 당연히 왕비님이지요."

왕비는 우울하고 자신감 없는 사람이었는지 모른다. 미천한 신분에서 일약 왕비가 되어, 의붓딸의 미모에 주눅이 들어가고 있던 그녀는 매일 거울 앞에 서서 '내가 제일 예쁘다'라는 말을 들어야만 하루를 보낼 수 있었던 게 아닐까. 그러다가 "이제는 백설공주님이 제일 예뻐요"라는 마술거울의 대답을 듣게 된다. 왕비의 신체이미지가 추락한 것이다. 이것은 곧 자존심의 추락을 동반한다. 왕비는 이를 원상복구 하지 않으면 살아갈 수 없다.

이런 맥락에서 보면 왕비가 백설공주를 죽이려고 한 것은 그녀가 희대의 악녀이기 때문이 아니다. 왕비는 겉으로 보이는 신체이미지로 자아를 평가하는 사람이었다. 그러니 그녀의 정신세계가 원상으로 돌아올 수 있는 유일한 길은 훼손된 신체이미지를 회복하는 것뿐이다. 그렇기 때문에 백설공주를 죽이는 것이 그녀의 유일한 삶의 목표가 될 수밖에 없었던 것이다.

왕비 같은 사람이 아니더라도, 많은 사람들이 '코만 조금 높이면 인생이 달라질 것'이라 여기고, 피부에 잡티만 없으면 결혼할 수 있을 것이라고 생각하고, 이마에 보톡스 한 방만 맞으면 10년은 젊어질 것이라 굳게 믿는다.

겉모습이 조금 바뀌면 이 도시에서 자기에 대한 가격도 덩달아 올라갈 것이라 생각한다. 신체이미지의 변신은 자아의 팽창으로 이어진다. 자신감이 커지고 다른 사람이 나를 보는 눈이 달라지면 관계 맺기에서 유리한 고지에 설 수 있다. 더욱이 현대사회에서는 관계 맺기의 방식이 예전과 다르기에 이런 변신은 상당한 효과를 발휘할 수도 있다.

오랫동안 한 사람을 이해하고 '알고 보니 진국이야'라는 평가를 하기에는 현대사회에서 주어진 만남의 시간은 너무 짧다. 소개팅을 주선하는 친구에게 상대방을 물어봤을 때 "성격은 좋아"라는 대답이 나오면 기대를 할 필요가 없듯이, 오랜 만남을 통해 알 수 있는 성격보다는 순간에 호불호가 갈리는 외모가 대세를 결정하는 시대다. 아주 짧은 시간에 인상만 보고 '도움이 될 사람과 아닌 사람'을 판단해야 한다. 만일 아니라면 첫인상을 변경할 가능성을 열어두고 만남을 지속하기보다는 다른 사람을 만나는 것을 택한다. 한 사람과 깊고 긴 관계를 유지하는 것보다 수많은 사람과 악수만 하면서 지나치는 신년하례식 같은 즉석만남을 하루에도 수십 번 반복하고 있다.

커지고, 세지고, 달라진다!

실제로 이런 실험 결과가 있다. 미국 펜실베이니아대 심리학과 올슨 교수 연구팀은 실험 참가자들에게 두 종류의 사진을 보여줬다. 누가 봐도 매력적인 사람과 그렇지 않은 사람의 사진들이었다. 문제는 이 사진을 참가자들에게 0.001초라는 아주 짧은 시간 동안만 보여줬다는 것이다. 그런데 참가자들은 매력적인 얼굴을 보고 '멋있다'라는 반응을 0.013초 만에 즉각적으로 보였다고 한다. 그만큼 의식하지 못할 수준의 짧은 순간에도 인간은 판단을 하고 외모만으로도 긍정과 부정의 정서를 불러일으킨다.

불교에서 시간의 최소단위를 찰나(刹那)라고 한다. 순간을 의미하는 산스크리트어인 크샤나를 음차한 말인데. 대략 1찰나는 1/75초로 0.013초 정도 된다고 한다. 위의 실험에서 사람들의 반응 시간과 일치한다는 것은 우연일지라도 흥미로운 대목이다. 이렇게 최소의 단위로 자른 시간에서도 인간은 호불호를 가를 수 있다. 마치 공작이 화려한 깃털로 암컷에게 구애를 하듯이 인간들도 내면의 진심을 보기보다는 화려한 외모를 보고, 눈 깜빡할 시간보다도 짧은 시간에 한 사람에 대한 판단을 내려야만 하는 상황에 처한 것이다. 그러니 자신의 외모를 바꾸고 싶다는 욕망이 커지는 것을 그저 아름다움에 대한 허영으로만 치부할 수는 없다. 외모를 바꿔야 할 현실적 필요성이 생긴 것이다.

학력이나 경력과 같은 소위 스펙(specification)도 비슷하다. 좋은 학력과 경력은 처음 보는 사람에게 신뢰를 주는 데 효과적이다. 그러나 문제는 좋은 스펙을 위해서는 절대시간과 노력을 뛰어넘는 '절대

능력'이 필요하다는 것이다. 그래서 때로 인위적인 힘을 빌려 스펙을 만드는 범법 행위를 하기도 한다. 그렇기에 학위나 경력 위조로 사회를 떠들썩하게 만든 '신정아 사건'은 성형과 다이어트에 대한 집착의 다른 면이다.

남성의 경우 비뇨기과 수술을 하는 것도 비슷한 맥락에서 이해할 수 있다. 재미있는 것은 외국에서는 정신과 의사들이 하는 성치료나 성상담도 성클리닉의 상당한 부분을 차지하는 데 비해 한국의 성클리닉은 절대다수가 비뇨기과 의사들이 하는 성기 수술이라는 점이다. 오랜 시간이 걸리는 상담과 행동 요법을 동반한 훈련보다는 단 하루 만에 '커지고 세지는' 변화를 눈으로 확인할 수 있는 수술을 압도적으로 선호하기 때문이다.

예뻐지고 싶은 욕망, 살을 빼고 싶은 욕구, 더 커지고 세지고 싶은 갈망을 갖는 것을 잘못되었다고 할 수는 없다. 그러나 그 방법은 생각해 볼 필요가 있다. 성형수술을 하거나 단기간에 살을 빼는 것, 그리고 남성들의 성기확대술은 모두 변신에 대한 환상을 순식간에 만족시켜 주는 행위다. 단 한 번에 다른 사람으로 변신하는 멋진 환상 말이다. 이런 변신환상의 뿌리는 생각보다 깊다.

단군신화는 곰이 100일 동안 동굴 속에서 마늘과 쑥만 먹었더니 사람이 되었다는 이야기에서 시작된다. 안데르센 동화나 우리의 전래동화들도 변신환상을 담고 있다. 재투성이 소녀가 화려한 공주님으로 변신하는 신데렐라 이야기, 오리들 사이에서 천대받던 새끼 오리가 어느덧 멋진 백조로 변신하는 미운 오리 새끼 이야기를 보자.

우리가 꿈꾸는 변화의 내면에는 바로 이런 변신환상이 깊이 자리잡고 있다. 그런데 핵심을 잊어서는 안 된다. 신데렐라가 왕자와 결혼하는 것, 독사과를 먹고 누워 있던 백설공주가 왕자를 만나는 것, 새끼 오리가 백조가 된 것, 어느 하나 주인공의 노력은 없다는 것이다. 백조는 오리들과 원래 피가 다른 종이다. 신데렐라는 타고난 미모가 있었고 백설공주는 왕족이다. 이런 동화는 사람들에게 환상을 꿈꾸게 하지만 노력을 하게 만들지는 않는다. 여기에 '나도 살만 좀 빼고, 턱만 좀 깎으면' 왕자를 만날 수 있다는 비현실적 환상의 씨앗이 도사리고 있다.

해리 포터가 순식간에 호그와트의 기대주가 되고 사상 최악의 악당 볼드모트와 당당히 맞서게 된 것은 그가 열심히 노력해서 그런 것이 아니다. 그가 제임스 포터라는 훌륭한 마법사의 자식이었기 때문이다.

사람들은 흔히 '피는 못 속여'라고 얘기한다. '내가 집안만 좋았어도 이렇게 살지 않을 텐데'라고 한숨을 쉰다. 대신 살을 빼고 얼굴을 고치는 것으로 지금의 만족스럽지 못한 현실에서 벗어나고 싶어한다. 그러나 그게 다일까?

양적인 변화가 질적인 발전과 무관한 곳

성형수술과 다이어트 열풍으로 대변되는 변신환상에는 시간과 노력이 드는 길을 보지 않으려는 마음이 잠재해 있다. 성공과 생존을 위해 갈수록 호감 있는 외모를 갖추는 것이 절실해진다. 외모가 중요해지는 만큼 지금의 내 모습에 대한 만족도는 떨어진다. 현실의 삶에 만족하지 못하는 만큼 꼭 그만큼의 크기로 외모에 대한 불만은 비례한다.

원인을 자기 안에서 찾으려 하거나, 자신을 단련시키고 운기조식하여 내공을 강건히 다지려는 사람들은 드물다. 본능적으로 먼 길로 돌아가는 방향을 선택하기를 싫어하는 것이다. 만일 다른 길이 없다면 할 수 없이 가야 하겠지만 지금 사회는 돈만 있으면 뭐든지 가능하기 때문에 사채를 끌어 쓰고 신용불량자가 되는 한이 있더라도, 단 한 번에 인생 대반전을 이루고 싶어한다. 욕망을 실현하는 길이 보이면 추호의 망설임 없이 그 길을 선택하게 된다.

하지만 기대가 큰 만큼 만족은 멀다. 성형수술을 받는다고 다음 날 세상이 달라지는 것은 아니다. 본인은 시선을 의식하며 다니지만 안타깝게도 사람들은 알아봐주지 않고, 인생이 술술 풀릴 줄 알았는데 우울하고 암담한 현실의 꾀죄죄함은 사라지지 않는다. 마법의 키스가 잠자는 백설공주를 깨워주지 않는 것이다.

이럴 때 방법의 비현실성을 깨닫고 다른 길을 찾는다면 다행일 텐데 현실은 그렇지 못하다. 불행히도 대부분의 경우 시술이 잘못되었거나 미흡하다며 재수술을 받거나 다른 부위에 손을 댄다. 성형외과와 비만 클리닉, 성클리닉이 한 동네에 바글거려도 여전히 성행하는 것은 신규 고객만큼 재시술을 원하는 중독자들의 순환쇼핑도 한몫을 단단히 하기 때문이다.

지금 당신의 몸 중에 가장 마음에 안 드는 곳, 손보고 싶은 곳은 어디인가? 만일 그곳만 살짝 손을 대면 당신의 인생은 바뀔 것 같은가? 고개가 끄덕여진다면 당신도 변신환상의 노예가 될 소지가 다분한 존재다.

흔히 정신과에서 정신치료를 받는 것을 '마음의 성형수술'이라고 한다. 그렇지만 이 시술은 오래 걸리고 본인이 고통을 겪으면서 함께 노력해야만 성공할 수 있다. 20세기 초반 비엔나나 20세기 중반 뉴욕에서는 사교계 파티에서 자기가 누구에게 치료를 받고 있는지 토론하는 것이 자연스러운 일이었다. 그러나 몇 년이 걸릴지 모르는 '마음의 성형수술'을 통해서 근본적인 변화가 오기를 기대하기에 현대인의 삶의 성적표는 기한이 너무 짧다. 그래서 사람들은 빠르고 확실한, 그리고 한눈으로 변화를 볼 수 있는 성형, 피부관리, 비만치료에 돈을 쓴다.

덕분에 나는 성형외과를 개업한 친구들이 사주는 술을 마신다. 살짝 자존심에 흠집을 내며 술 한잔을 얻어 마시면서도 "그럴수록 중요해지는 것은 마음이 예쁘고 편안한 거야"라는 근본적인 요소를 곱씹는다. '못생긴 사람은 고치고 잘 입혀서 데리고 살 수 있지만 성질 안 좋은 것은 해결하기 어렵다'는 것이 인생 선배들의 오랜 경험에서 우러나온 충고이기 때문이다.

조직폭력배는
무서워도
누아르 영화는
좋은 이유

내 안의 원초적 공격성

음주 문제를 치료하기 위해 입원한 40대 후반의 남자 환자가 있었다. 경기도 인근 도시에서 '건달 생활'을 하다가 은퇴한 그는 나를 깍듯이 대했다. 얼마 지나 그는 퇴원했고 꽤 먼 거리에 살았지만 한동안 외래로 상담을 하러 왔다. 그러던 중 후배 한 명을 데리고 왔다. 역시 비슷한 일을 하면서 함께 나이 들어가는 처지 같았다. 다만 그 후배는 아직 은퇴를 하지 않은 상태라는 것이 차이점이었다.

상담을 해보니 급격한 불안과 심계항진, 과호흡 등의 증상이 불규칙적으로 일어나는 것이 불안증의 일종인 공황장애를 앓고 있는 것으로 보였다. 내 의견을 말하자, 그는 펄쩍 뛰었다.

"제가 불안증이 있다고요? 말도 안 됩니다요."

"마음이 약해서 그런 것이 아니라 과도하게 스트레스를 받다 보면 생길 수 있는 병입니다."

이전과 달리 술을 더 많이 마셔서 선배가 데려왔던 것이다. 증상의 기전에 대해 자세히 말해 주었지만 그는 받아들이지 못했다. 그러고 나서 어느 정도 포기한 듯, 이번에는 타협을 원했다.

"알겠습니다요. 치료는 받을게요. 하지만 불안증이 아니라 저도 알코올중독이라고 해주십쇼. 우리 형님같이 말입니다. 건달이 불안증이라고 하면 가오('체면'이란 뜻의 일본어)가 안 섭니다요."

황당한 나는 차근차근 설명을 해줄 수밖에 없었다. 진단명이 다르다고 사람이 달라지는 것이 아니라는 것을 말이다. 그래도 그는 내 설명을 받아들이기 힘들어했다. 당연히 그는 다음 시간에는 나타나지 않았다. 불안이 없어지는 것보다 '가오 상하는 것'이 더 힘들었나 보다.

그후 길을 가다가 우연히 유흥가 한구석에서 텔레비전 드라마 속에서 나올 법한 장면을 보았다. 술집 앞에 도열해 있던 젊은이들 앞에 검은 승용차가 서고 한 남자가 내리자 일제히 고개를 깊이 숙여 인사를 하는 것이었다. 그 모습과 전에 본 두 명의 '건달' 환자들이 오버랩되었다. 무엇이 그들을 그 세계에 빠져들게 하는 것인지 궁금해졌다.

깍두기 머리와 검정색 고급 승용차, 그리고 까만 양복은 이들의 트레이드마크다. 거기에 사이사이 비치는 문신과 다리를 오므리지 않고 천천히 팔자걸음을 걷는 것까지 합치면 예측도 90퍼센트 이상의 확률로 밤의 세계의 인물들이라는 것을 짐작할 수 있다.

이런 예측치는 그들이 먼발치에서라도 보이면 슬금슬금 피하게 되고, 나도 모르게 긴장을 하게 만든다. 그와 내가 어떤 관계도 없다는 것을 아는데도 왠지 섞여서는 안 될 것 같다. 괜히 잘못해서 그들과 엮였다가 인생이 꼬일지도 모른다는 두려움이 긴장을 고조시켜 그들이 사라진 다음에도 그 느낌은 쉽사리 사라지지 않는다. 특히 눈이라도 우연히 마주쳤다면……. 한편으로 멋지다는 동경심이 드는 것은 피할 수 없다. 나와는 다른 세상에 사는 이들이기 때문이다.

그들은 외모에서부터 보통의 사람들과 명시적으로 구별되려고 애쓴다. 연쇄살인범이나 수백억 원을 횡령해 서민경제를 파탄 내는 사람들은 멀쩡하게 생겨서 전혀 우리와 구별되지 않는 모습이다. 그런데 왜 건달들은 자신의 모습을 우리와 다르게 만들려 노력하고, 또 우리는 그들의 겉모습을 보면서 긴장하고 두려워하고 경원하게 되는 걸까.

조직에 속하는 심리, 자아팽창감

시라소니 이성순은 혼자 돌아다니는 협객이었다. 그의 주먹은 일품이었고 빨랐다. 그러나 조직적 집단을 당해낼 수는 없었다. 그를 기점으로 건달의 세계는 달라졌고 이제 건달들은 조직을 만들어 '파'를 결성한다. 그 안에서 충성을 맹세하고 보스를 위해 몸을 바쳐 싸워나가고 그만큼의 전리품을 나눠가지며 단계를 밟아 올라간다.

프로이트는 1921년 「집단 심리와 자아의 분석」이란 글에서 이렇게 말했다. 사람들이 조직에 들어가서 구성원들끼리 강한 친밀감을 경험하는 이유는 자신의 자아이상(ego ideal)을 우두머리에게 투사하고 나서 우두머리와 동일시하기 때문이라는 것이다.

인간의 초자아는 '나는 무엇같이 되고 싶다'는 자아의 이상적 모델을 동일시하는 자아이상과 도덕심과 죄의식을 구성하는 본질적 초자아, 두 가지가 통합되어 형성된다. 그런데 본질적 초자아가 덜 성숙한 구성원이 자기 자아이상을 우두머리에게 투사하여 그와 똑같이 되려고 하다 보면 초자아의 기능 또한 우두머리가 제시하는 조직의 논리로 대체하게 된다. 동시에 일반적이고 보편적인 도덕관이나 윤리의식, 책임감은 약해진다.

동일한 집단적 가치관이 형성되면서 구성원들 사이의 일치감은 더욱 강해지고 그 안에서 보호받는다는 느낌을 갖는다. 나보다 훨씬 강하고 능력 있는 우두머리의 정체성의 조각을 나눠가지면서 본인이 판단하는 자기의 가치보다 비교할 수 없이 커지고 세지는 전능감(omnipotent feeling)을 경험한다. 조직 논리에 충실할수록 그 전능감은 단단한 보호막이 된다. 이런 과정이 강렬할수록 개인의 정체성은 약해져서 '나는 누구인가'에 대한 논의는 더 이상 의미를 갖지 못하게 된다.

프로이트의 이론을 따라가보면 조폭들이 합숙소 안에 행동강령을 붙여놓고 상명하복의 철저한 명령체계를 지키도록 하며 폐쇄적인 집단문화를 만들어가는 이유를 이해할 수 있다. 부모들이 볼 때에는 '착하던 아이가 왜 그랬을까' 싶을 정도로 잔인한 범행을 아무렇지 않게 저지를 수 있는 것도 우두머리의 초자아를 복제한 가치관이 그의 머릿속에 이식되었기 때문이다.

그러나 인간은 단번에 변할 수는 없는 법이다. 일반적인 가치관에서 많이 편향된 가치관이 이식되기 위해서는 특수한 방법이 필요하다. 바로 여기에 '제복 심리'가 이용된다.

심리 실험 중에 유명한 '짐바르도(Philip Zimbardo)의 실험'이 있다. 민간인을 두 그룹으로 나눠서 한쪽은 교도관 제복을 입히고, 다른 한쪽은 죄수복을 입혔다. 그리고 두 그룹에게 각각의 역할에 맞는 행동을 하도록 하자, 교도관 역을 맡은 이들이 죄수복을 입은 이들을 가혹하게 다뤘고 그 정도가 심해 실험을 일찍 끝내야 했다. 이런 논리 때문에 멀쩡하던 사람도 예비군복만 입으면 건들거리고 지나가는 여자들에게 휘파람을 불게 되는 것이라고 한다.

이 논리를 건달들에게 적용시켜 보자. 일단 무리에 들어가게 되면 무리 밖의 사람과 자신들이 구별되도록 해야 할 필요가 있다. 그래서 머리모양과 옷을 비슷하게 하고 경우에 따라서는 덩치까지 키우는 작업을 하게 된다. 일부 보도에 따르면 급격히 덩치를 키우기 위해 사료를 먹었다는 말이 있을 정도로 이들은 타인에게 위압감을 주기 위해 몸집을 키우고, 머리를 바짝 자르고, 검은 양복을 입되 안에는 티셔츠만 받쳐 입는다. 그리고 뒷주머니에는 두툼한 지갑을 넣고 약간 천천히 팔자걸음을 걷도록 하는 그 집단의 행동양식을 배워나간다. 이런 과정을 거치면서 점차 그들의 마음 안에 조직 논리가 내재화(internalization)되어 간다.

자기가 세다는 것을 보이기 위해 외형적인 몸집을 크게 만드는 것은 자아팽창(ego-inflation)의 한 형태다. 맹꽁이가 자기가 더 크다고 배에 한껏 공기를 집어넣어 불리다가 결국 뻥 터져 죽었다는 우화의 한 장면과 같다. 조폭의 세계에 입문한 초보들은 자신의 겉모습을 남보다 크게 보이기 위해 부단히 애를 쓴다. 세력을 과시하기를 즐기고, 돈이 없으면 신문지라도 넣어서 지갑을 두텁게 만들어 들고 다닌다. 몸집을 키우기 위해 여러 끼의 밥을 먹고, 체면에 목숨을 건다. 그런데 조직 논리가 머릿속 깊이 박이고 나면 더 이상 살을 찌울 필요가 없어진다.

강남의 한 고깃집에 간 적이 있다. 그곳 사장은 왕년에 유명한 건달 조직의 보스였다고 했다. 30대 중반의 그는 날렵한 인상에 약간은 마른 듯한 몸집으로, 20대 초반의 후배들과는 확연히 달랐다. 그러나 공손한 인상에서 느껴진 결기 어린 눈초리는 강렬하기 그지없었다. 그렇다. 조직에서 성공해서 살아남은 그는 더 이상 겉모습을 남과 다르게 하기 위해 노력할 필요가 없이 조직 논리 그 자체가 된 것이다.

자기소외와 구별짓기

처음에는 자신의 필요로 인해 외모를 세상과 구별지었으나 이 구별은 꼭 그들만의 필요에서 오는 것은 아니다. 보통 사람들도 그들이 구별되어지기를 바란다. 우리 안의 원초적 폭력성 때문이다.

공격성의 원초적 존재에 대해서는 의견이 분분하다. 프로이트는 인간의 내재적 충동 두 가지로 공격성과 성욕을 들었고, 사회생물학자 에드워드 윌슨(Edward O. Wilson)은 『인간 본성에 대하여(*On Human Nature*)』에서 호모 사피엔스인 인간은 타고난 공격성을 갖고 있다고 했다. 그는 말레이 반도의 세마이족의 예를 들었다.

언어에 '살인', '죽인다'라는 단어가 존재하지 않고 '때리다'가 가장 공격적인 어법일 만큼 세마이족은 매우 비폭력적인 문화를 갖고 있었다. 1950년대 영국 정부가 공산주의 게릴라와 전투를 위해 세마이족 남자들을 징집했는데 그들은 그때까지 군인이 적과 싸우고 죽이는 존재라는 것조차 모르고 있었다. 그러나 전쟁이 시작되자 그들은 곧 광기에 휩싸여 적을 죽이고 물건을 약탈하는 것을 즐기게 되었다. 인간에게는 다듬어지지 않은 공격성이 내재되어 있기 때문이다.

사회적 발달은 이런 공격성을 사회에 적응하는 방향으로 길들이고 억누르고 무의식적 차원으로 깊숙이 숨겨놓는 과정이다. 그러면서도 사람들은 언제든지 터져나올 수 있는 휴화산과 같은 공격성이 내면에 웅크리고 있을 것이라는 불안감을 조금씩은 느끼면서 살아간다. 아무리 성인군자라고 해도 화가 날 때가 있고 '죽이고 싶은 놈'이 있을 수밖에 없지 않은가. 그러나 휴화산이 폭발하는 것은 두렵다. 내가 나를 통제하지 못하는 제어불능의 상태가 되는 것은 이성을 마비시킬 정도로 무서운 상황이기 때문이다. 그래서 뚜껑을 애써 눌러 '뚜껑 열리는 일'이 생기지 않도록 노력한다.

한편 보지 않으려는 마음 안의 한 조각이 자꾸 튀어나오려고 할 때 이를 다루는 방법은 꺼내서 보지 않고 저 멀리 마음 밖으로 내던져버리는 것이다. 이를 투사(projection)라고 한다. 우리가 조폭에게서 겉모습의 차이를 찾아내 우리와 그들 사이를 나누려고 하는 본질적 이유는 그들이 두려워서 도망가려는 것이 아니라, 그들이 내 안의 원초적 공격성을 투사할 대상이 되기 때문이다. 그래서 그들의 폭력과 찰나적 삶을 먼발치에서 보면서 나의 안전을 확인하고 '나는 착하다'라는 선(good)과 밝은 쪽에 서 있음을 분리(splitting)해서 받아들이게 된다. 내 안의 선과 악의 이중성을 보지 않기 위해 내 밖의 절대악을 선정하고 나를 그들과 분리해서 내 안의 위태로운 '선'을 보호할 수 있는 것이다.

달의 밝은 면과 어두운 면이 있듯이 도시의 낮과 밤은 서로 나뉘어 존재하며 도시에 사는 사람들의 '터질지 모르는 공격성의 불안감'을 잠재워준다. 바로 여기에 '그들'의 존재 이유가 있다. 그래서 우리는 현실에서 그들을 보는 것을 두려워하고 맞닥뜨리지 않으려 하지만 한 편으로는 누아르 영화를 즐기고, 멋진 악당에 매혹되고, 그들의 질풍노도적 폭력에서 쾌감을 즐긴다. 이것은 오직 그들이 극장과 텔레비전이라는 환상 공간에서만 머물러 있을 것이라는 안전감이 있기에 가능한 일이다.

보스가 멋있는 이유

멋진 누아르 영화의 주인공들은 모두 조직의 보스다. 결국은 폭력을 저지르는 범법자들인데 사람들은 그의 모습을 동경하고, 그가 피우는 담배 연기 속의 고뇌에 공감한다. 사실은 '나를 배반한 저놈을 어떻게 죽일 것인가'라는 잔인한 상상과 선택을 하는 것일 텐데도 말이다.

'쪽팔리니까'라며 모든 죄를 인정하고 감옥에 들어가서 오랜만에 찾아온 친구를 맞이하는 영화 〈친구〉의 주인공을 보며 멋있다고 여기는 이유는 우리 사회의 지도자 중에 그런 사람을 만나기 힘들기 때문이다.

현실 세계의 조직에서 우두머리는 별로 매력적인 사람이 아니다. 팀장, 이사, 본부장 등 그들도 모두 결국 별다른 결정권이 없는 월급쟁이

일 뿐이다. 자기 밑의 사람 앞에서는 군림하지만 그보다 윗사람 앞에서는 한없이 작아질 뿐인 그렇고 그런 소시민인 것이다. 어쩌다 보스 기질을 부리는 사람은 처음에는 멋있어 보이지만 나중에는 조직 부적응자'로 찍혀서 낙오되는 것이 조직의 논리다. 그러니 복지부동(伏地不動)을 삶의 신조로 삼으며 "영혼은 집에 두고 출근해"라고 자조적인 말을 하는 사람만 남는다. 위로 갈수록 자신의 성취를 위해 무자비한 착취를 하는 독사형 인간과 참고 견디다 보니 윗자리에 올라선 복지부동형 인간으로 양분된 리더들만 보인다.

믿고 의지할 만한 사람은 동화 속의 인물로만 여겨지는 것이 현실이다. 더욱이 타인의 삶에 개입하기 싫어하는 개인주의적이며 표피적인 관계가 인간관계의 주요한 자리를 차지하고 있다. 그럴수록 혼자서 짊어져야 할 짐은 점차 커지고 무거워진다. 한 번의 실수나 잘못된 선택이 그동안 쌓아온 공든 탑을 일거에 무너뜨릴 수 있다는 위기의식이 영혼 속에 거머리처럼 달라붙는다.

원초적 불안감이 강해질수록 강력한 메시아적인 지도자를 원한다. 아무 생각 없이 그가 하라는 대로 하면 모든 것이 해결되리라는 믿음을 주는 그런 사람, 혹은 존재를 원하는 것이다. 그가 만든 조직 안에 들어가 있으면 머리 복잡하게 고민할 필요도 없고, 애매한 상황에서 선택 문제로 머리를 감싸안을 것도 없이 오직 행동강령에 따라 절대복종을 하면 꿀과 황금이 흐르는 엘도라도로 갈 수 있다면, 비록 더럽고 힘들더라도 그 안에서 행복감을 느낄 수 있을 것이라 믿는다. 그래서 사람들은 누아르 영화 속의 보스나 텔레비전 사극의 대조영이나 주몽을 보며 리더십을 고민하고 열광하며 동경하는 마음을 갖는다. 내 안의 폭력성이 더욱 강렬한 불이 되어준다.

한 치 앞을 내다볼 수 없는 망망대해를 쪽배 위에 나침반 하나 들고 노를 저어 가야 하는 현대인에게 어찌 되었든 확실하고 단호한 리더십을 제시해 주는 보스의 존재는 해안선으로 인도해 주는 등대와 같다. 그래서 1차 세계대전에서 패망한 독일 국민에게 일반 사병일 뿐이던 히틀러가 메시아적 지도자가 되어 나치즘 속에 독일 국민을 하나로 뭉치게 만들 수 있었던 것이다. 난세에 영웅이란 말은 여기에도 통용된다. 사람들은 세상이 어지러울수록 독하고 확실한 리더를 원하고 윤리적, 도덕적 가치를 뒤로 미룬다.

그림에도 불구하고, 우리는 그들이 두렵나. 그런 리더십은 멋지지만 실제로 그렇게 살고 싶지는 않다. 〈반지의 제왕〉의 간달프보다는 사루만이 더 멋있어 보이지만 사루만의 꼭두각시가 되고 싶지는 않다. 모든 이가 어둠의 세계로 들어가지 않는 이유는 여기에 있다.

깍두기 머리, 검정색 고급 승용차, 까만 양복의 삼위일체는 이 도시를 살아가는 사람들 마음속에 받아들이고 싶지 않은, 혹은 받아들일 수 없는 어두운 한 조각을 상징하고 있다. 어둠이 있을 때 밝은 부분이 더욱 밝아 보이듯이 그들의 존재는 결국 모두가 갖는 원초적 공격성의 한 부분이며, 이는 정신세계의 주요한 부분이지만 문명화된 도시에서는 겉으로 내세울 수 없는 원시적 부분이기도 하다. 그러기에 이들은 불가촉 천민의 형태로 우리와 다른 겉모습을 한 채 오늘도 도시의 밤을 장악하고 있다.

평범한 도시인의 억눌린 공격성의 충동이 강해지면 강해질수록 그들의 활동은 활발해질 것이다. 그리고 우리 안의 공격성이 강한 만큼 그들에 대한 두려움과 거리감도 커질 것이다. 결국 내 안에서 터져나온 것이니 강하면 상할수록 더 무섭게 느껴질 것이고 어떻게든 멀리 두고 싶어질 것이니까.

그렇기에 "내가 너한테 신세 많이 졌다. 내가 딱 하나 해줄게. 네가 정말 싫은 놈 있으면 얘기해라. 내가 담궈줄게"라고 눈을 똑바로 쳐다보면서 나지막하게 결기 있는 목소리로 얘기해 주는 건달 친구가 한 명쯤은 있기를 꿈꾼다.

와인 한 잔,
어때?

개별적 취향의 존중

처음에는 열심히 배우고 외우려고 노력했다. "글라스는 바디가 아니라 가는 목을 잡아야 한다. 처음 코르크를 따면 테이스팅을 해 상태를 확인한다. 코르크를 따면 공기와 접촉을 위해 잠깐 바닥에 놓고 흔들어주는 것이 좋다. 라벨을 읽는 법은 이러저러하다……." 아는 만큼 보인다고 하지만 외울수록 마음속만 흔들렸다.

'뭐가 이리 복잡해. 해도 해도 끝이 없네. 난 그냥 생긴대로 살래.'

그러고는 어느 순간 포기했다. 한동안은 테이스팅 노트도 썼고 마음에 드는 와인을 마시면 눈여겨보거나 카메라로 찍어서 와인전문점에서 사서 마셔보기도 했지만 나중에는 모든 것이 귀찮아졌다. 그냥 편한 게 좋은데 이건 너무 알아야 하는 게 많았다. 알아야 면장을 한다지만 내게는 다 그게 그거 같았기 때문이다. 그래서 디캔팅이 안 되었다면서 '후루룩' 소리 내며 입 안에서 와인을 굴리면서 산화를 촉진하는 행동을 하는 사람을 만나면 와인을 아는 멋진 사람이라는 생각보다는 '가지가지 한다. 거참 유별나게 구네'라는 생각이 먼저 든다. 그러면서도 따라해보는 이율배반적 행동을 한다.

문화인이 되기 위해서는 와인을 알아야 한다고들 말한다. 와인을 통해 인생을 배울 수 있다고 주장하기도 한다.

왠지 누가 내 생각을 아는 것 같은 느낌이 드는 것을 정신과에서는 관계사고(idea of reference)라고 한다. 그 원인을 정신분석적으로는 자아의 경계가 모호해지기 때문이라고 설명한다. 자아는 사람이 태어난 이후 세상과 관계를 맺기 시작하면서 만들어지는데, 자아를 형성하는 데 타인과 나를 구별하는 것만큼 중요한 요소는 없다.

자아는 근본적으로 타인과의 유사점보다 타인과 나 사이의 차이를 통해 '나만의 나'를 확인하고 경계를 분명히 하는 데서 형성된다. 그렇기에 나의 막걸리, 소주 취향과는 거리가 먼 다른 취향을 갖고 있는 타인을 보게 되면 부러움이나 배워야겠다는 생각이 들기보다 '너와 나는 다르구나'라는 배타적 감정부터 생기는 것이 순서다. 자아가 확고한 사람일수록, 귀가 얇지 않은 사람일수록, 변화가 두려운 사람일수록, '나는 그냥 이렇게 살다 죽을래'라는 본인의 기존 취향을 재확인하는 경우가 많다. 나아가 복고적 사고의 합리화가 강해진다.

그러나 정체성은 내가 아니라 타자에 의해 정의되고, 나와 타자와의 관계에서 내가 반응하는 방식에 의해 규정된다. 나와 사회와의 관계 안에서 나의 위치를 확인하는데 이는 시간적으로는 과거에서 현재, 그리고 미래로 이동하는 직선주로의 연속선 위의 어느 한 점에 존재한

다. 정체성은 '존재'와 '관계', 그리고 '행위'로 정의되며 자아의 경계
선을 만들면서 점차 명확해진다.

와인을 마시는 새로운 행위는 나와 사회, 그리고 내가 만나는 타자
와의 관계를 새로 변화시키고, 더 깊게는 내 존재를 새로 규정하게 한
다. 그 과정에서 과거의 나는 변화에 저항한다. 철학자 게오르그 짐멜
(Georg Simmel)이 얘기했듯이 "개인은 항상 그 자체로 총체적 통일
체를 유지하려는 경향"을 갖기 때문이다.

이것이 강해질 때 정체성은 개인성이라는 작은 울타리에 머무르게
되고 맹목적인 성향을 갖는다. 여기서 벗어나 합목적적 정체성으로 양
질 전환을 해야 성숙한 인간이 될 수 있다.

철학자 김용석은 개인성에서 벗어나 이탈하는 첫 걸음, 그리고 이를
통해 다른 세계와 조우하여 새 출발을 하는 것이 정체성 형성의 과정
이라고 했다. 와인은 개인성에서 벗어나 다른 세계와 만나는 입국 신
고소와 같다. 자 다같이 줄을 서자. 그러나 여전히 기존의 프레임은 강
하게 저항한다. 왜일까?

위계질서의 확인

어느 때부터인가 도시 곳곳에서 와인이 넘쳐난다. 주류 문화의
한복판에 와인이 한 자리를 굳게 차지한 것이다. 사실 우리에게 와인
은 참 생소한 술이었다. 와인 하면 연상되는 것은 그저 달큼한 과일주
맛이 나며 먹고 나면 다음 날 머리가 깨지던 'ㅇㅇ 포도주' 정도였으니

상전벽해가 따로 없는 격이다. 지금은 '삼겹살에 어울리는 와인'이라는 메뉴판이 등장할 정도로 흔한 술이 되었다.

　대규모 자본력을 가진 와인 수입업자의 농간으로만 볼 일이 아니다. 술 마시는 문화가 변한 것이다. 우리의 고전적인 술 문화는 1차에 소주를 마시고 2차에 맥주를 마시고, 더 나아가 기분이 나면 3차로 다시 소주를 마시는 식이었다. 그런데 여성의 사회진출이 늘어나고, 구조조정과 경쟁의 격화로 조직이 불안정해지면서 술 문화 역시 '먹고 죽자!' 분위기에서 '내일을 생각해서 적당히 먹자'는 분위기로 바뀌기 시작했다.

　고전적인 우리의 술 문화로 술잔 돌리기도 빼놓을 수 없다. 서로 한 잔씩 권하며 같은 잔을 여러 사람이 함께 사용하면서 친밀감을 확인하곤 했다.

　"한 잔 올리겠습니다."

　"아, 그래, 김 선생 요즘 잘 지내나? 반 잔만."

　"지난주까지 학회 준비 때문에 많이 바빴는데요, 이제는 괜찮습니다. 박 교수님 요즘 운동하시나 봐요. 몸이 좋아지셨네요."

　"(반색하며) 그래? 혈압이 갑자기 오르더라고. 그래서 운동을 시작했지. 처음에는 죽어도 안 빠지더니 이제 조금씩 빠지기 시작했어. 아직 멀었지."

　"보기 좋으신데요."

　"아니야, 자, (그가 따른 술을 반쯤 마시고 나머지는 다른 잔에 쏟고는 술잔을 돌려준다) 김 선생도 한 잔 받고."

　학회와 같은 모임이 끝난 후의 뒤풀이 자리에서 흔히 있는 일이다.

후배 김 선생은 박 교수의 옆 자리가 비는 순간을 기다렸다가 술병과 술잔을 들고 옆에 가서 그에게 술을 권한다. 처음에 사람들은 각자 배를 채우느라, 또 자기 앞뒤 자리의 사람들과 근황을 나누느라 바쁘다. 한 시간 정도 지나고 나면 본격적인 친교의 시간이 시작된다. 꼭 원숭이 사회의 위계질서 확인의 과정과 유사하다. 건강, 일, 가족과 관련한 의례적인 덕담이 오고간다. 그런데,

"자네, 우리 학회의 나아갈 바가 뭐라고 생각하나?"

"내가 지금 연구계획서를 하나 쓰려고 하는데, 잠깐 좀 앉아봐."

이런 식으로 정색을 하고 긴 비즈니스 얘기를 하려는 선배를 만나면 곤란해진다. 오랜만에 한자리에 모인 선후배들에게 최대한 효율적으로 눈도장을 찍어야 하는 게 사회성 있는 사람의 행동강령이니 말이다.

왁자지껄한 자리에서 몸을 움직이지 않는 사람은 그 시간의 최상석의 사람이거나 사회적 관계를 포기한 사람으로 쉽게 감별할 수 있다. 최상석이나 그 근처의 사람들은 많은 사람들이 자기 주변을 오고가는 것을 주시한다. 그러면서도 누가 자리에만 앉아 있는지, 누가 자기에게 오지 않았는지, 어떤 사람들끼리만 모여서 움직이지 않는지 기억해둔다. 오랜 사회적 경험의 본능적 편가르기다.

의례적인 잔 주고받기의 목적은 사람들의 우리성(weness)을 아주 빠른 속도로 강화하는 것이다. 하지만 이제는 더 이상 술잔을 주고받다가 뻗은 '전사자'를 영웅으로 추켜세우지 않는다. 만에 하나 추태를 부렸다가는 조직에서 도태되기 십상이다. 또 누구에게는 가고, 누구에게는 안 가면 찍히기 쉽다.

술자리는 더 이상 편한 자리가 아니다. 낮 시간보다 힘든 눈치의 격

전장이다. 자연히 사람들에겐 이런 불편함에서 벗어나고픈 욕구가 생겼다. 술잔이 오고가는 상호관계의 횟수는 늘이되 술에 취해 실수하는 일은 없애고 싶다는 욕구가 만들어진 것이다. 이런 욕구를 발 빠르게 포착한 것이 소주업계다. 경쟁적으로 술의 도수를 내렸지만 술의 도수가 낮아졌다고 사람들이 덜 취한 것은 아니다. 모두들 '내가 술이 세진 게 아닐까' 하며 더 마셔대니 취하는 건 마찬가지다.

자기애가 강한 사람들의 특징

그런데 왜 와인일까? 술 문화의 진수는 1차에서의 '우리성'의 확인도 있지만 2차에서 나누는 진지한 대화나 사적인 상호관계가 아니겠는가. 일단 양주 같은 독주는 부담스럽다. 그렇다고 소주나 막걸리를 마시기는 싫고 이제는 좀 분위기를 잡고 기분을 내면서 술을 마시고 싶다. 너무 각자 노는 분위기는 싫으니, 이럴 때 최적의 타협안으로 등장한 것이 와인이다.

한국에서 와인이 대중화된 것은 보졸레 누보 열풍이 시작되면서부터다. 와인 열풍이 불면서 상대적으로 저렴한 가격의 와인이 대거 소개되었고, 와인은 비싼 술이라는 거부감을 줄일 수 있었다. 곳곳에 와인바와 와인샵이 생겼고, 와인을 선물하면 왠지 교양 있는 사람이 될 것 같다는 기대가 너도 나도 와인을 선물하는 풍조로 이어졌다.

조니 워커가 레드, 블랙, 골드, 블루로, 발렌타인이 12, 17, 21, 30년 산으로 구분되는 것처럼 양주에는 확연한 계급이 있고 대략의 가격이

정해져 있다. 그런데 와인은 웬만해서는 이게 얼마짜리인지 가늠하기가 어렵다. 선물하기 만만한 종목 1위에 등극하게 된 요소가 바로 여기에 있다. 무게나 부피도 적당하고 가격도 적절한 수준에서 고를 수 있으니, 와인 선물이 넘쳐날 수밖에 없고 집에 들어온 술 먹지 않을 수 없으니 사람들은 점차 와인에 익숙해져 간다.

왜일까? 나는 이 와인을 마시고 까맣게 잊고 있던 먼 옛날 어머니와의 이별을 떠올렸어요. 그곳은 포도밭이었죠. 하늘은 맑고 파랬고, 계절은 이미 가을이었지만, 그날은 더웠던 여름을 생각나게 만드는 따가운 햇살 때문에 …… 줄곧 잊고 있었습니다. 방금 이 와인을 마시기 전까지. 나한테 이 와인은 어머니와의 영원한 이별. 그리고 어릴 때 추억을 가둬버린 한 송이 포도입니다.

—아기 다다시,『신의 물방울』중에서

갓 잡은 싱싱한 회 한 접시밖에 모르던 한국인에게 바에 앉아 요리사가 말아주는 초밥을 먹는 재미를 안겨준 것이『초밥왕』이란 만화였다면, 아기 다다시의『신의 물방울』은 한국에 와인이 대중적으로 퍼지는 데 지대한 공을 세운 작품이다. 아버지가 싫어서 평생 반목을 해온 한 남자가 유명한 와인 평론가이던 아버지의 유언을 따라 12사도란 특수한 와인을 찾아나가면서 와인의 참맛을 알아간다는 이 만화 시리즈는 한국에서 폭발적인 인기를 얻었다. 이 책을 보면서 와인 공부를 시작하게 되었다는 사람이 부지기수이고, 와인바에 앉아서 와인잔을 테이블 위에서 흔들어주고 느닷없이 "아직 덜 열린 것 같은데 디

캔팅을 해주시죠"라고 말을 하는 사람들을 보게 된 것도 이 책의 영향인 듯하다.

그런데 이 만화와 요즘의 와인 문화를 보면 흥미로운 사실을 발견할 수 있다. 여성들도 즐기기는 하지만 도 닦듯 공부하며 마시는 사람들의 대부분은 남성이라는 것이다. 와인이 현대사회의 새로운 남성 장난감 중의 하나로 등장한 것이다. 오디오나 카메라에 열광해서 빚을 져가면서 업그레이드를 하고, 좋아하는 음악가의 CD를 사서 모은 후 컬렉션을 보며 뿌듯해하는 것과 마찬가지로 남성들은 와인셀러에 차곡차곡 쌓여가는 와인을 보며 흐뭇해한다. 그리고 블로그나 카페에서 정보를 교환하며 와인의 달인이 되어가는 용맹정진의 과정을 전투적으로 해나간다. 이런 현상을 곰곰이 살펴보면 와인은 재즈와 공통점이 많은 듯하다.

1. 두 가지 모두 종류가 너무 많아서 헤아릴 수 없다.
2. 연도별, 지역별로 정리할 수 있고 관련 서적이 많이 나와 있다.
3. 들으면 들을수록, 알면 알수록 그 오묘한 맛에서 헤어나기 힘들다. 그저 무식하게 대강 즐길 때가 속 편하다.
4. 재즈에서도 빅밴드, 쿼텟 편성, 웨스트 코스트, 쿨재즈만 좋아하는 사람이 생기듯이 와인도 특정 지역이나 품종의 와인을 선호하는 사람들이 많다.
5. 많이 알면 알수록 남들에게 자랑할 거리가 생기고, 존경받을 수 있다. 자랑을 할 순간이 없더라도 모아놓은 와인/재즈음반을 보는 것은 인생의 희열이다.

그러나 문제는 재즈는 CD가 남지만 와인은 마셔버리면 빈 병만 남는다는 것이다. 이런 아쉬움을 달래려고 와인 라벨을 모으거나 사진을 찍어서 블로그 등에 정리해 놓는 사람들도 적지 않다. 혀 끝에 느껴진 그 느낌을 재연하기는 어렵지만 말이다.

와인이나 재즈에 탐닉하는 사람들의 내면에는 자기애가 뚜렷하다. 그 많은 에너지를 자발적으로 투자하지만 꼭 와인 자체의 맛을 즐기기 위한 것만은 아니다. 다른 사람들이 자신을 바라봐주는 것 또한 에너지의 동력이 된다. 남과 견주어 자신이 낫다고 여기며 자아존중감을 맘껏 만끽하며, 이러한 경험이 와인을 열심히 모으고 온 힘을 다해 공부하는 원동력이 된다.

와인에 대한 공부를 좀 하고 나면 "요즘 말벡이 좋지", "이 와인은 강 왼쪽 같은데" 같은 말을 할 수 있게 된다. 와인 종류를 쭉 훑어보면서 한마디하면 권위가 바로 살아난다. 공부를 하면 할수록 자신감을 북돋아주는 와인의 세계는, 공부로 성공해 본 적 있는 사람들이 쉽게 사회적 관계에서 한몫하기 좋은 경우이다.

동질성 확인에서 개인주의적 문화로 바뀌다

얼마 전 아는 사람들과 저녁식사를 하러 갔다. 삼겹살을 시키고 난 다음 종업원이, "술은 뭘로 드릴까요?"라고 묻자, "참이슬 프레쉬", "맥주 오비로요", "백세주가 좋겠는데요", "저는 요즘 산사춘이 좋던데요……" 여기저기 다양한 입맛이 쏟아졌다. 개성이 좀 강한 집단

122

이었다. 결국 취향을 존중해 각자 마시기로 하고 네 가지 술을 모두 시켰고 네 가지 술에 맞는 잔을 모두 가져오게 했다. 그러니 테이블은 물컵까지 합쳐져서 틈이 없었고, 한두 잔 오가고 나니 "너 산사춘이었지? 잔 비었네"라고 따르려 하면 "아니, 백세주인데, 병이 저쪽으로 가버렸네"라는 식으로 누가 원래 무슨 술을 마셨는지 알 수 없는 지경이 되어버렸다. 그런 혼란으로 우리의 잔 돌리기 문화에 어려움이 발생했고 결국 주신의 경지에 오른 '주당' 선배께서 특단의 조치를 취했다.

"아줌마, 큰 주전자 하나 주세요."

선배는 주전자에 네 가지 술을 모두 붓고는 말했다.

"소백산맥이라고 들어는 봤나? 요즘 유행하는 술인데, 소주, 백세주, 산사춘, 맥주의 혼합주이지. 헷갈리게 마시지 말고 이렇게 섞어서 맥주잔에 들이켜서 마시지."

묘한 맛의 소백산맥은 곧 좌중의 모든 사람을 '전사'하게 했고, 다음 날 뭘 마셨는지 알 수 없게 했다. 그렇지만 누가 무슨 술을 마시는지 챙겨주는 것보다 훨씬 편안했다. 나쁜 짓을 같이하는 악동들끼리의 동질감 같은 것조차도 느낄 수 있었다.

우리의 고전적인 술 문화는 이런 섞어 마시기를 즐긴다. 또 술은 술대로 섞여 새로운 맛의 경지를 보여주기에 사람들은 서로 다른 개성의 술을 섞는 데 주저함이 없다.

한편 와인은 모임의 성격에 따라 개별적인 취향을 존중할 수 있는 분위기에서 선택된다. 와인은 20명이 넘는 대규모 모임에는 어울리지 않는다. 그보다는 서너 명이 모여서 술잔을 나누는 자리에 어울린다.

그 자리에서 한 병의 와인을 나눠 마시며 자기 취향에 대해 얘기하는 경험은 이전에 소주를 마실 때와는 질적으로 다르다. 그 테이블에 모인 사람의 개별적 취향이 존중되어 하나의 와인이 선택되는 것은 무조건적인 동질성을 강요하는 것과 배타적으로 개인의 취향을 고집하며 고립을 자초하는 것 사이에서 찾아낸 현실적 타협점이다.

프랑스 사람들이나 마시는 것으로 알던 외계의 문화인 와인이 이렇게 갑자기 우리 삶의 중심까지 진격할 수 있었던 것은 한국 사회가 매우 빨리 서구화되었기 때문이라고 단순히 말할 문제가 아니다. 도시의 삶이 변화해 가는 궤적 안에 와인이란 물건이 적당히 필요한 시점이 온 것이다.

요즘은 나 역시 1차에는 여전히 삼겹살에 소주 한 잔 하지만, 2차는 간단히 와인 한 잔을 하는 곳으로 자리를 이끈다. 제 버릇 못 줘서 벌컥벌컥 맥주 마시듯이 와인을 마시는 만행을 저질러 호된 숙취의 아침을 맞이하는 일과가 반복되고 있기는 하지만 말이다.

죽도록
괴로운 일로
자살하는 사람은
많지 않다

자기애적 폭력

"정신과를 찾는 환자와 정신과가 아닌 과를 다니는 환자의 근본적 차이는 무엇인가?"

대학 시절 한 교수가 낸 퀴즈다.

"보통 병원을 찾는 사람들은 의사를 만나서 '살려 달라'고 말하는 데 비해 정신과를 찾는 사람들은 '죽고 싶다'라고 말을 한다. 그것이 가장 근본적인 방향의 차이다."

교수는 이어 대답했다. 그때에는 그게 무슨 얘기인지 몰랐다. 그러나 꽤 오랜 시간이 흐르고 나 자신이 정신과 의사가 되어 몇 명의 환자가 스스로 삶을 마감하는 뼈아픈 경험을 하고 나니 그제야 그 의미를 알 수 있었다. 심각한 신체질환에 걸린 사람을 살리지 못한 아픔도 크지만 죽겠다는 신호를 보이지 않게 쏘고 있는 것을 놓쳐서 삶의 끈을 놓는 것을 막지 못한 무력감은 더욱 컸다. 그래서 환자를 만날 때마다 자살 가능성에 대해 면밀히 평가하고 어떻게든 막으려고 한다.

최근 들어 사람들이 이전에 비해 자살을 쉽게 결정하고 또 시도를 한다는 인상을 자주 받는다. 자살을 행동으로 옮기게 하는 심리적 역치가 10센티미터는 낮아졌다고나 할까.

내가 근무하는 병원은 영동대교가 가까이 있다. 걸어서 접근하기가 쉬운 다리여서인지는 몰라도 영동대교에서 떨어져서 응급실로 오는 환자가 심심치 않게 있다. 근처 유흥가와 모텔에서 이런저런 약물을 복용하고 오거나, 손목을 긋고 오는 사람도 많다.

이들 중에는 운 좋게 하나도 다치지 않고 응급실에서 처치가 끝나는 경우도 있다. 이들을 만나보면 심한 우울증이 있는 것도 아니고, 만취 상태에서 판단력이 흐려져 있는 것도 아니다. 그리고 지나치게 비관적인 생각으로 가득 차 있거나, 죄책감이 있는 것도 아니다. 정신과 치료는 받을 필요 없다고 거부하고 집으로 돌아가 다시는 나타나지 않는 경우가 대부분이지만 어딘가 모르게 불안하다 싶은 사람은 꼭 며칠 안에 다시 자살을 기도하고 응급실로 실려온다. 그때에는 입원을 해서 훨씬 자세히 면담을 한다. 꼭 입원까지 시키지는 않더라도 외래상담을 권유하기도 한다.

자존심의 상처만은 견딜 수 없는 사람들

통계를 보니 20~30대의 가장 큰 사망원인이 자살이다. OECD

국가 중 자살증가율도 1위다. 사회학자나 언론에서는 생명을 경시하는 풍조가 만연했고, 인터넷이 발달하면서 자살클럽 같은 곳에서 자살을 방조하고 방법을 알려주기 때문이라고 한다. 그렇지만 이들을 한 명 한 명 만나보면 꼭 생명을 소중히 여기지 않는 것도, 죽음에 사로잡혀 있는 것도 아니라는 것을 알 수 있다.

조금 더 깊이 파헤쳐보면 이들의 선택에는 자살과 관련한 기존의 심리 이론과 맞지 않는 면이 꽤 있다. 자살에 실패해서 나를 만나게 되는 젊은이들은 대부분 '사람에 지쳐서', '사람 때문에 힘들어서', '사람에 상처받아서' 죽으려 했다고 얘기한다.

"4년 동안 만난 여자친구한테서 문자메시지가 왔어요. 그만 만나자고. 어떻게 그럴 수 있어요? 집까지 찾아가서 늦게까지 기다렸는데 만날 수 없었습니다. 알아보니 다른 남자가 생겼다고 하더군요."

"그래서요?"

"그 친구가 미안함을 느껴야 한다고 생각했어요. 나는 이렇게 힘들고 괴로운데 새 애인이랑 행복해서는 안 된다고 생각해요. 그건 너무 불공평하잖아요."

"그래서 약을 먹기 전에 전화를 한 건가요?"

"네, 만일 내가 죽으면 평생 죄책감을 안고 살라고요. 그것만이 유일한 복수가 될 것이라고 생각했어요."

군대에 있을 때에도 잘 참고 기다려주던 동갑내기 애인이 제대하고 나서 복학한 남자와 헤어지자고 한 것이다. 학부 졸업이 2년 남았고,

아직 갈 길이 먼 친구였다. 여자는 졸업 후 바로 취직을 해서 사회생활를 갓 시작한 상태였다. 그러니 여자친구의 현실적 입장도 이해할 수 있는 상황이었다.

이 친구가 평소 문제가 많던 사람인 것은 아니었다. 학교도 잘 다니고 군대생활도 문제없이 해냈는데 애인이 헤어지자고 한 단 한 방의 펀치에 20여 년 동안 고이 지켜온 정신세계의 평온이 맥없이 무너져내려 버린 것이다. 옆에서 지켜보는 가족이나 친구들은 "그럴 사람이 아닌데"라면서 황당해하고 "좀 더 잘 이해를 해줄걸 그랬다"면서 죄책감을 느꼈다.

그런데 그가 자살을 기도한 이유가 흥미롭다. 삶의 가치를 느끼지 못하거나, 죄의식이 강렬해지고 우울함이 극에 달해서 그런 것이 아니라 거꾸로 자신의 죽음을 통해 상대방이 죄책감을 느끼고 평생 미안해할 상처를 주겠다는 것이 목표였으니 말이다.

자살의 가장 중요한 심리적 요인은 절망감이다. 프로이트는 자살에 대해 자신을 향한 공격성이라고 했다. 같은 맥락에서 오토 페니켈(Otto Fenichel)과 같은 정신분석가는 강렬한 초자아가 자아를 한 번에 응징하는 벌을 내리는 것이 자살이라고 해석했다.

그러나 주류의 자살 심리와 이 젊은이의 자살 심리는 많이 달랐다. 이 친구의 문제는 "네가 어떻게 나를 떠날 수 있어?", "너와 나 사이를 이렇게 끝낼 수 없는 거야"라는 자기애의 심한 상처였다. 상처받은 자기애는 한 번도 경험해 보지 못한 수준의 아주 강렬한 공격성을 복수라는 방식으로 표출하게 된다. 그런데 문제는 그 복수를 상대방이나 새로 생긴 애인에 대한 폭력의 형식이 아니라 자기파괴적인 자해로 표현한다는 것이다.

　작은 육식동물로 남미산 곰의 일종인 코아티를 동물원에 수용하자 향수병에 시달리던 코아티는 너무 힘들어하다가 자기 살을 파먹었다고 한다. 이를 자식증(自食症)이라고 하는데, 자해를 해서 분노를 표현하고 복수를 한다는 것은 그런 양태같이 보인다.

　며칠 술로 마음을 달래고, 휴대전화 전원을 끄고 여행을 가거나 친구들의 위로를 받는 것으로 대략 실연을 마무리하는 것이 일반적이다. 이어 '공격이 최선의 방어'라는 마음으로 전혀 다른 성향의 애인을 사귀는 것으로 새 출발을 한다. 그런데 요즘 젊은 사람들 중의 일부는 사귀던 사람과 헤어졌다는 이유로 자살을 충동적으로 쉽사리 결정한다. 기대했던 관계가 끊어지면 더 이상 살 이유가 없다고 여기는 것일까.

　"더 잘해줄걸, 난 벌 받을 놈이야"라는 죄책감이나 "이 생에서는 더 이상 살아갈 이유가 없어요"라는 절망감, "지금의 괴로움에는 자살만이 유일한 도피처이자 해결책이야"라고 여기는 종결방법으로서 자살을 생각한 경우는 많지 않다. 그보다는 상처입은 사자의 자존심 때문이다.

　요즘 젊은 사람들은 '내가 누구랑 헤어질 수 있다는 것'을 현실로 받아들이기 힘들어한다. 영원히 사라지지 않을 칼자국 같은 것이 얼굴 한복판에 확 그어진 것같이 느낀다. 사실 아무도 신경쓰지 않고 자기만 느낄 수 있는 문제인데도, 주홍글씨를 아로 새기고 사느니 삶을 그만두는 것이 낫다고 여기게 된다. 심사숙고 한다면 그렇게까지 하지는 않을 터이지만 워낙 충동적으로 결정하고 행동으로 옮기니 실제로는 자살이 비일비재하게 이루어지는 것이다.

누구에게나 삶은 불완전하다

자살이라는 위험한 방법을 이용해서 상대방을 자기 안으로 끌어들여 조절하려는 시도도 한몫한다. 상대방이 헤어지려는 기미를 보이거나 크게 다투고 나면, 약을 먹거나 손목을 칼로 긋고 난 다음에 예외 없이 목표가 되는 사람에게 전화를 한다. 그리고 자기가 이런 행동을 했다는 것을 알린다. 함께 응급실로 오고 처치를 받는 과정에 상대방이 미안함을 느끼면 자살을 시도한 사람은 충분히 만족할 만한 성과를 얻은 것이다.

한 번 성공한 행동은 빠른 속도로 학습된다. 특히 정서적 만족이 동반되었다면 더욱 빠르고 강력하게 각인되어 다른 사람을 만날 때에도, 혹은 같은 사람과 비슷한 갈등이 생겼을 때에 다시 같은 카드를 쉽게 꺼내든다. 그런데 문제는 그렇게 반복하다보면 상대방에게도 내성이 생겨 전과 같은 반응을 하지 않게 된다는 것이다. 그러면 점차 방법의 위험도가 높아져 해열진통제를 먹던 것이 수면제로, 더 나아가 농약이나 트레펑으로 발전한다.

죽을 의사가 없이 대인관계의 밀고 당기기를 목적으로 하는 자살을 '제스처 자살'이라고 한다. 문제가 심각해지는 것은 그러다 실제로 죽을 수도 있기 때문이다. 음독물을 마시고 토하다가 기도가 막히거나, 아니면 목을 매달았는데 상대방에게 연락이 늦게 되어 도착하지 못하거나, 저산소증으로 뇌손상이 오는 경우도 있다. 앞으로 살아가면서 해야 할 일이나 경험해 보고 싶은 일이 많을 텐데, 순간적으로 치밀어 오르는 사람에 대한 참을 수 없는 분노와 내 사람으로 만들려는 의도 때문에 위험한 줄타기를 하다가 천길 아래 낭떨어지로 떨어져버린다. 그리고 '게임오버'다.

인생이라는 게임은 스타트 버튼을 다시 누르고 시작할 수 없다. 더 안타까운 것은 자살하고 나면 남겨진 사람이 평생 자신만 생각하고 가슴 아파할 것이라는 착각이다. 그들은 곧 죽은 사람을 잊고 일상으로 돌아가버린다. 이렇게 자살을 덧없이 한 사람은 두 번 죽는다. 자신의 영혼이 땅에서 사라지는 것으로, 타인의 마음속에서 잊혀지는 것으로.

자살이란 무조건적인 죄악이라고 설교를 하려는 것이 아니다. 자살을 생각할 만큼 뼈저리게 마음 아프고 괴롭고, 죄책감과 절망감에 시달리는 사람들이 많다. 세상 사는 것이 각박해질수록 그런 사람은 늘어날 것이다. 자살은 이들에게 유일한 해방구이자 비상탈출구일 수 있다.

그렇지만 대인관계의 상처가 자존심에 흠집 좀 냈다고, 이를 참지 못해 자존심을 회복하겠다는 일념이 지나쳐 자기를 파괴하는 상황까지 간 사람은 새로 산 차에 접촉사고가 나고 난 다음부터 여기저기 일부러 긁고 다니면서 새 차에 대한 애착을 아예 절연해 버리는 사람의 마음과 같다. 게다가 타인을 조정하고 타인의 감정에 영향을 미치기 위해 하는 자살행동은 더욱 위험하고 자기애적 폭력일 뿐이다.

모두가 귀하게 자란 사람이다. 내가 자존심이 상한 만큼 상대방도 괴롭고 그의 자존심도 존중되어야 한다. 그런데 내가 힘들다 보니 그것이 보이지 않고 자해공갈의 형태로 폭력을 행사하게 된다. 폭력적 행동은 거울에 반사된 빛과 같이 더욱 강한 증오와 폭력으로 돌아올 뿐이다.

문제는 갈수록 감정에 내상을 입는 예민도는 올라가고, 참을성의 내성은 낮아진다는 것이다. 그러다 보니 비교적 미세한 자극에도 강렬한 반응을 보이며 자기애적 자살로 의사표현을 하는 사람들이 늘어난다. 마음속 깊이 아파하기 싫어하는 사람들이 극단적인 선택을 하기 쉽다. 아픈 만큼 성숙해진다고 구창모가 노래했듯이 관계에 있어서도 아플수록 굳은살이 배고 거리를 두고 볼 수 있는 능력이 생긴다. 해일같아 보이던 파도도 알고 보면 작은 물결일 수 있다.

"난 그 정도는 아니니까 괜찮겠지"라고 안심하고 거리두기를 하면서 보지는 말기 바란다. 이들이 스펙트럼의 극단에 있는 것은 사실이지만, 질적으로 다른 사람들이 아니라 우리와 같이 살고 있는 동질적 내면의 스펙트럼을 가진 사람들이기 때문이다. 언제 상황이 바뀌어 나 자신이 그쪽 끝으로 몰려가게 될지 알 수 없다.

미셸 푸코(Michel Foucault)는 "자살, 그것은 궁극적인 상상 방법"이라고 했다. 궁극의 상상, 실현하는 순간 더 이상 상상을 할 생명이 남아 있지 않다는 의미에서 그렇다. 그러니 그 키를 다른 곳으로 돌리도록 조타수를 움직여야 한다. 블라디미르 마야콥스키(Vladimir Mayakovskii)가 "심장은 권총을 원하고, 목은 칼을 꿈꾼다"라고 하면서 그의 혁명에 대한 열정이 좌절된 것을 토로한 적이 있으나 권총과 칼이 겨누는 방향을 바꾸고, 심장과 목은 보존해야 한다. 벡터 값을 바꾸면 세상이 달라 보인다. 생각보다 세상에서 할 일이 많다.

숨을 한 번 쉬고 약간 뒤로 물러나, 죽음까지 생각할 정도로 강한 긴장감을 가졌던 마음의 활줄을 땅기던 힘을 빼자. 이제 멀리 보자. 내 인생의 발목을 붙잡고 피를 빨아먹으며 도저히 떨어져 나갈 것 같지 않던 갈등과 번뇌가 힘을 잃고 사라질 것이다. 그리고 얼굴에 칼자국이 난 것같이 커다랗게만 보이던 마음의 흉터가 점점 옅어지고 작게 보일 것이다.

누구나 자신의 삶이 백 퍼센트 완벽하고 빈틈없이 굴러가기를 꿈꾼다. 그렇지만 안타깝게도 그 환상에서 벗어날 때, 불완전하고 여기저기 상처가 있을 수밖에 없다는 것을 인정할 때, 도리어 삶은 빛나기 시작한다. 흠집 한 번 났다고 폐기처분해야 한다면 일주일에도 서너 번은 자살을 하고 이 게임을 끝내야 할 것이다. 그런 식이라면 삶이라는 레이스를 완주할 수 있는 사람은 60억 지구 인구에서 단 한 사람도 없을 것이다.

삶은 불완전하다. 한 대 맞았다고 제대로 싸워보지도 않고 수건을 던지고 항복을 선언할 이유가 없다. 불완전함과 미흡함, 상처가 있음을 받아들일 때 마음은 한 뼘 커질 수 있다. 힘들면 잠시 한 호흡 쉬고 그늘 있는 벤치에 앉자. 지나가는 바람을 잠깐 맞으면서 땀을 식히자. 그리고 이제 다시 맷집 좋게 뚜벅뚜벅 걸어가자. 비극의 주인공이거나 맥없이 총에 맞고 화면에서 사라지는 엑스트라라고만 생각하지 말자. 삶은 의외의 전개가 펼쳐질 가능성이 있기에 더 흥미진진한 것이다.

3장
욕망의 가속도

사주카페가
성행하는
두 가지 이유

욕망의 브레이크와 액셀러레이터

약속 장소에 가기 위해 버스를 탔다가 운 좋게 자리가 나서 앉았는데, 앞자리의 등받이에 광고가 하나 걸려 있었다.

'신통한 쪽집게 전화 역술, 신년운세, 사주 궁합, 연애운.'

한복을 입은 여러 역술인의 사진이 함께 있었다. 궁금증이 생겨 사진 밑에 써 있는 설명을 보니 '○○대학 철학박사'라는 학력과시형부터 '영험한 신내림의 기운'이라는 초자연적 신비감 등 여러 방식으로 자신을 홍보하고 있었다. 집에 돌아와 인터넷 검색을 해보았더니 꽤 많은 사이트에서 미래를 알려주겠다고 광고하고 있었다. 타로 카드, 점성술 등 서양 역술도 심심치 않게 볼 수 있었다.

최첨단 과학의 이 시대에 여전히 점술, 역술인에 대한 관심은 사라지지 않고 도리어 더 커지고 있다. 미아리 점집촌은 여전히 성업 중이고, 여성지를 펼치면 성형외과 광고 옆에 미래를 예언하는 도사님의 사진이 함께 실려 있다. 아이러니가 아닐 수 없다.

생각해 보면 학창 시절 한 번쯤 점을 쳐봤을 것이다. 학교에서 친구와 마주앉아 연필을 거머쥐고 돌리면서 '분신사바'라는 정체불명의 주문을 외우기도 하고, 좋아하는 사람이 있으면 몰래 이름 가지고 연애점을 보기도 한다. 그냥 심심풀이로 재미로 하는 것이라고 대수롭지 않은 듯 얘기하지만 "영희는 너와 안 될 거야"라는 점괘를 들으면 기분은 나쁘다.

미팅을 하면 손금을 봐준다고 손을 잡는 테크닉을 구사하기 위해 얼치기로 생명선, 지능선, 성공선과 같은 손금 공부를 하기도 한다. '67년생 양띠는 손재수가 있으니 금전 조심을 하라'는 말이 신문 운세란에 나오면 괜히 있던 약속도 취소하고 싶어지고 그날 하루는 조금 긴장한 채 지내기도 한다. 전국에 있는 수십 만 명의 동갑들이 모두 같은 운세를 갖는다는 것이 말도 안 된다는 것을 충분히 알고 있는데도 그날 자정이 될 때까지 신발 바닥에 껌이 붙은 것 같은 찜찜함은 사라지지 않는다.

"200미터 앞에서 우회전입니다"

요즘 내비게이션 시스템이 유행이다. 처음에는 반신반의하다가 모르는 곳을 갈 때 '빠른 길 찾기'의 도움으로 쉽게 길을 찾고 난 다음에는 경계심을 풀어버렸다. 자주 다니던 길도 한번 물어보고 기계가 찾아준 길을 따라 가본다. 경험적으로는 그 길이 막힐 것 같지만 왠지 기계가 알려준 길이 더 믿음직스럽기 때문이다. 특히 먼 길을 가야 할 때에는 '내비게이션이 찍어준 길'에 대한 의존도가 비할 바 없이 커진다. 그래서 혼자 운전할 때 "200미터 앞에서 우회전입니다"라는 길 안내가 나오면 "알았어요, 알려줘서 고마워요"라고 기계와 대화를 나누고 교감을 하는 수준에 이른다.

이는 살아가면서 앞날이 불투명하기만 할 때 절대자의 의견이 궁금해지는 심리와 같다. 모르는 곳을 찾아가는 것은 대단한 스트레스다. 이럴 때 내비게이션이라는 기계장치가 인공위성과의 GPS송신을 통해 내 현재 위치를 찾아내어, 앞으로 가야 할 길을 정해주면 그 불안감은 일거에 완화된다. 정체성은 '내가 지금 어디에 있고 어디로 가고 있는지(Where I am and where I am going to be)'를 알고 있는 것이라고 정의할 수 있다. 그런 점에서 내비게이션이야말로 운전자의 정체성을 규정해 주고 나아갈 바를 지목해 주는 정체성의 외부 인도자다.

종교 등의 초월적 존재를 믿거나 강력한 리더를 원하는 것은, 우리가 운전을 할 때 내비게이션을 습관적으로 켜게 되는 것과 같은 메커니즘이다. 그런데 내비게이션을 애용하고 오래 사용할수록 자발적으로 길을 찾는 능력은 퇴화한다. 어느새 내 직관이나 경험을 믿기보다 내비게이션이 정해준 길에 의존하게 된다.

처음에는 '이렇게 멍청한 놈이 있나' 싶던 기계였다. 그러나 이제는 찍어준 길로 가다가 뺑뺑 돌아가고 있거나 교통체증에 걸려 오도가도 못하더라도 '내비게이션이 틀릴 리 없어'라고 생각한다.

이왕이면 행복을 사고 싶은 사람들

아무리 이성적인 사람이라고 해도 "요즘 새로 신내린 용한 사람이 있어"라는 말을 들으면 귀가 쫑긋해진다. 세상이 이성과 논리로 중무장할수록 초자연적인 점괘와 사주나 주역의 논리에 의존하고 싶은 마음이 강해진다. 이런 심리에는 어느 한쪽이 강해질수록 반대쪽에도 힘을 실어줘서 균형을 맞춰주려는 본능적 노력도 작용하지만 사람들이 점을 통해 궁금해하는 내용을 보면 꼭 그것만은 아니라는 것을 알 수 있다.

점으로 알고 싶은 것은 무엇보다 지금 고민에 대한 답이다. 모두가 항상 고민을 한다. 이사를 해야 할지, 직장을 옮기는 것이 나을지, 회사를 그만두고 사업을 시작할지, 이 사람과 잘 돼서 결혼할 수 있을지, 자식이 유학을 가는 것이 나을지 등등. 불확실한 미래를 예측하기 어려울수록 누군가 내게 확실한 답을 내려주기를 바란다.

대부분의 사람은 어떤 일을 선택해야 할 때 주저하게 된다. 선택의 괴로움을 피하기 위해 동전을 던져 앞면이나 뒷면 어느 한 가지를 골라 운에 맡기는 것이 속 편하다고 생각하는 사람도 있다. 내 선택이 틀렸을 때 입을 자존심의 상처가 두렵기 때문이다. 그러느니 불확실한 요행에 몸을 맡기는 것이 차선의 선택이라 여긴다.

행복을 뜻하는 'happy'는 '요행, 우연히 일어난 일'을 뜻하는 'hap'에서 왔다. 행복감은 예정된 즐거움에서보다 우연히 일어날 때 더 크게 느낀다고 해석할 수 있다. 뒤집어 생각해 보면 사람들이 선택해야 하는 상황 자체를 싫어하고 불편해하는 경향이 그만큼 크다는 것을 알 수 있다. 하지만 내 뜻대로 되지 않는 것이 삶이다. 그래서 어떻게든 요행이 아닌 확률을 통해 행복을 예측하려 애를 쓴다.

현대 과학은 수많은 변수를 최대한 통제하여 계산한 후 미래를 예측하려고 한다. 슈퍼컴퓨터를 동원하여 일기예보를 하는 것도 그런 노력의 일환이다. 하지만 안타깝게도 다음 날 집중호우가 오는 것조차도 제대로 맞히지 못하는 경우가 많다. 수백억 원을 들이고 수십 명의 전문 인력이 수치 계산을 하는데도 몇 달 후의 미래를 예측하기는커녕, 며칠 후의 날씨조차도 맞히기 어려운 것이 현실이다. 그저 확률적으로 강수확률이 80퍼센트라는 식의 수치를 제공할 뿐이다. 80퍼센트라는 말은 열 번 중 여덟 번은 비가 오고 두 번은 안 올 수 있다는 말인지, 아니면 하루 중 80퍼센트는 비가 내리고 있으리라는 말인지 도통 헷갈린다. 우리가 알고 싶은 것은 비가 올 것이냐 안 올 것이냐의 양단간의 결정이다.

수술 중 사망할 확률이 1퍼센트인 수술을 앞두고 외과 의사가 환자에게 얘기했다.

"제가 지금까지 수술한 99명은 모두 완치가 되었습니다. 환자분이 제 100번째 환자군요."

그렇다면 이 말을 들은 환자는 자기가 100번째 환자니까 죽을 차례라고 생각할까? 이를 '도박사의 오류'라고 한다. 타율 3할 3푼을 치는 타자가 앞의 두 타석에서 삼진과 땅볼아웃을 당했을 때 해설자가 "다음 타석에는 타자의 타율을 볼 때 확률적으로 안타가 나올 것"이라고 말하는 것도 같은 오류다. 사람들은 확률을 믿고 싶어하지만 단기간에는 정확도가 떨어질 수 있다. 여기서 3할 3푼은 장기간의 평균값이기 때문이다. 어떤 날은 5타수 5안타를 치는 날이 있고, 어떤 날은 5타수 무안타를 치는 날도 있다.

그런 면에서 바로 다음 번 기회가 확률적 평균값에 딱 맞게 움직일 것이라 기대하는 것은 큰 오해다. 그럼에도 다른 방법이 없으니 복잡한 통계 기법으로 산출된 확률을 객관적이라고 믿으며 미래를 얘기한다. 그렇지만 막상 선택의 기로에 서 있는 사람들에게는 남들과 비교해서 얻은 대중 속에서의 확률이라는 것은 중요하지 않다. 바로 자기 자신이 성공과 실패의 어느 쪽에 서 있을지 알고 싶을 뿐이다.

브레이크이거나 액셀러레이터이거나

그래서 과학이 아무리 발달해도 사람들은 분명히 답을 내려줄 절대자를 찾는다. 이런 절대자를 찾는 사람에게도 나름의 취향이 있다. 이성적이고 합리적인 방법을 추구하는 사람이라면 주역과 같은 동양철학 이론에 기반하여 사주팔자를 풀어주는 방법을 택한다. 반면 이런 논리적 기반 자체에 대해 더 이상 의존하고 싶지 않은 사람은 아예 동자귀신 같은 신을 모시는 만신을 찾아간다.

학력이 높고 평소 이성적으로 사고하고 행동하는 사람이라 해도 중요한 결정을 내려야 할 때가 되면 그동안 자신을 지탱해 오던 논리적 사고체계에 대한 확신이 흔들린다. 망설여지는 것이다. 이럴 때 점집이 떠오른다. 점은 근거가 없는 이야기라고 생각하고 있었더라도 정작 자신이 찾을 때 그런 사실은 중요하지 않다. 어쩌면 그 근거가 없다는 점이 오히려 더 큰 힘을 발휘하여 사람들의 흥미와 호기심을 자극하기도 한다.

이것은 우리나라만의 이야기가 아니다. 2001년 갤럽 조사에 의하면 미국인의 50퍼센트가 심령적 직관을 믿는다고 대답했다. CIA는 10여 년 동안 2,000만 달러나 들여서 심령술을 군사적으로 이용할 가능성에 대해 실험을 하였을 정도다.

그 욕망의 근원을 살펴보면 두 가지 다른 욕구가 있다는 것을 알 수 있다. 첫 번째는 자신이 원하는 답을 확인받기 위해서다. 본능적 욕망은 지금 어떤 행동을 하기를 원한다. 그러나 차가운 이성은 주변 상황과 사회적 맥락, 경제적 현실 등에 적당한 가중치를 두고 복잡한 계산을 해서 '하지 마시오'라는 브레이크를 건다. 주변 사람들에게 물어봐도 마찬가지 답이 나올 뿐이다.

한 20대 여성이 나이 많고 아이가 있는 이혼남과 사귀고 있다고 가정해 보자. 그가 경제적으로도 어렵고, 신뢰하기 힘든 사람이라는 근거들도 속속 나오지만 왠지 모르게 끌리는 그녀는 결혼을 하고 싶지만 아무래도 망설여진다. 한참 잘나가는 상황이라 이성적으로는 '아니오'라는 것을 분명히 안다. 그럼에도 마음고생을 하다가 혹시나 하는 마음으로 용하다는 점집을 찾아갔는데 그곳에서 "궁합도 안 좋고, 지금 결혼운이 없다"는 말을 듣는다. 하지만 그녀는 이 말을 듣고도 여전히 그 남자를 포기할 생각을 하지 않고 오히려 "현재는 어렵지만 결혼해서 아이를 낳고 나면 일도 잘 풀리고 운수대통할 것이다"라는 말이 나올 때까지 여러 집을 전전하게 된다. 그녀가 점집을 찾은 것은 이미 자신이 마음에 정한 답을 확인받고 싶었기 때문이지 다른 해결책을 바

랐던 것이 아니기 때문이다.

많은 사람들이 여러 점집을 '내가 원하는 답이 나올 때까지' 다니는 이유는 외부의 강력한 존재가 본능적 욕망의 문을 열어주기를 바라기 때문이다. '이성적으로는 말도 안 되는 것 알아. 하지만 인생 뭐 있어 확 질러버리는 거지'라는 마음이 들 때 신통한 예언은 강력한 우군이 된다.

두 번째 이유는 이와 반대다. 이번에는 강력한 브레이크의 존재를 원한다. 본능의 욕망이 속삭이는 유혹의 목소리를 억눌러줄 초강력 귀마개가 필요할 때가 있다. 어릴 때에는 부모가 하던 역할이지만 성인이 된 지금은 더 이상 그런 역할을 해줄 사람이 없다. 이성적인 사고방식으로는 본능의 욕망을 억누르기에 역부족이다. 그럴 때 구원투수로 나서는 것이 점과 같은 초자연적 신탁이다. "봐, 나는 하고 싶지만 지금 일을 벌였다가는 망한다고 하네. 삼재가 끝나고 나갈 때까지 기다려야 한대"라는 식으로 자신의 망설임을 외부의 입을 빌려 합리화할 수 있다.

미래가 불확실하고 예측하기 어려워질수록 '내 선택'이 짊어져야 할 결과에 대한 책임은 커진다. 망설임은 강렬하고 괴로운 일이 된다. 사주팔자에 따라 내 인생은 원래 이렇게 흘러가게 되어 있다는 운명론을 믿으면 조금은 편해진다. 혹은 논리와 이성으로는 채워지거나 멈추기 어려울 정도의 욕망이 생겼을 때, 이 욕망에 재갈을 물리는 초자연적이고 비현실적이지만 강력한 목소리만큼 매력적인 것은 없다. 게다가 신기한 우연의 일치를 경험하거나 예기치 못했던 사건을 맞힌 일을 듣고 나면 신뢰도는 200퍼센트 상승하고 근거는 없지만 무조건 믿어야만 할 것 같다는 의무감까지 생긴다. 그래서 과학과 이성이 지배하는 21세기에도 점집은 성행하고 산업화하는 것이다.

나의 선택을 믿기 어렵고 쉽사리 결정을 내리기 힘들어질수록 길을 비추어줄 등대, 길을 막고 위험한 길로 가지 않게 안내해 줄 울타리를 찾는 마음은 커진다. 아무것도 없어서 맨땅에 뒹굴듯이 오로지 혼자 모든 것을 결정하고 불안에 떠는 것보다는 나은 것 아닌가.

'항복'과 '행복'은 겨우 한 획 차이일 뿐이다. 운명의 길을 몰라 우물쭈물하다 항복 선언을 하기보다 점이라도 보는 적극적 행동으로 한 획을 더 그어 행복을 찾을 수 있다면, 무의미한 미신에 현혹되는 일이라 말할 수 없을 것이다.

점괘를 듣고 내는 돈을 복채(福債)라고 한다. 행운을 빚지는 셈이다. 미래가 조금은 더 나아지거나, 안전해질 수 있다는 소박한 행운을 빚지는 정도는 이 복잡하고 위험한 세상을 살아가는 데 필요한 선택형 종신보험쯤으로 보면 좋을 듯하다. "내가 하라는 대로 하지 않으면 큰 화를 입게 돼, 그러니 200만 원짜리 굿판을 벌여야 해"라고 불안을 조장하는 어처구니없는 점술가에 걸려 진흙탕에 빠지는 일만 하지 않는다면 말이다.

지름신이
강림하시는
바람에……

자기합리화를 위한 투사 기법

데카르트는 "나는 생각한다, 고로 존재한다"라고 하였다. 하지만 21세기에는 이 명제가 바뀔 필요가 있다, "나는 산다. 고로 존재한다"라고. 현대는 소비사회다. 큰손 장영자 씨는 일찍이 "경제는 유통이다"라면서 소비를 통해 돈이 돌아야 경제가 살아난다고 실물경제 밑바닥에서 몸소 경험한 진리를 설파한 바 있다. 사람들은 먹는 것보다 사는 것을 즐기고, 또 잘 사는 것이야말로 '잘사는 것'이라고 여긴다. 진정한 웰빙은 소비로부터 나온다고 굳게 믿는 것이다.

인간의 경제행동은 합리적 수요공급법칙에 의한 결정이 아닌 충동적이고 이해하기 힘든 심리적 판단에 의한 것이라는 행동경제학은 현대 경제학의 떠오르는 학문 분과다. 사람들의 소비심리를 붙잡기 위해 스캐너가 달린 안경을 쓰고 백화점에 들어가 눈이 어디부터 보는지를 추적해서 상품을 진열하는 데 자료로 사용한다는 '뉴로마케팅'이라는 새로운 기법까지 동원되고 있다. 최첨단 과학까지 개발해 너 쉽게 시갑을 열도록 강요하고 있으니 매일 뭔가를 사지 않고는 못 배기는 것이 당연하다. 지름신이 제대로 강림한 사회다.

쇼핑은 나의 힘

매일 신문을 볼 때마다, 인터넷에 접속해서 메일을 열어볼 때마다 '한정세일', '초특가', '예약판매 파격할인', '마일리지 제공'과 같은 문구가 유혹의 눈길을 보낸다. 특히나 기분이 별로 좋지 않거나 아무것도 되는 일이 없는 것 같고 인생이 어두워 보일 때에는 더욱더 자극적으로 다가와 뭔가를 사고 싶은 욕구를 부추긴다.

"세일이라는 푯말이 붙어 있는데 그냥 지나가면 왠지 죄책감이 들어요. 손해보는 것 같아요."

"꼭 필요한 물건이었나요?"

"꼭 필요한 것이 아니면 사면 안 되나요? 너무 싸잖아요. 지금 놓치면 그 가격에 살 수 없다고요."

"사고 나면 기분이 어때요?"

"아주 좋죠. 정말 뿌듯해요. 게다가 다음 날 사람들이 얼마에 샀냐고 물었을 때 가격을 말하며 사람들의 반응을 보는 게 압권이죠."

"하지만 돈이 꽤 들었을 텐데요."

"그게 중요한 게 아니잖아요. 물론 후회는 하겠지만, 인생 두 번 사는 거 아니잖아요."

알고 지내는 20대 중반의 여성과 얼마 전에 나눈 대화다. 집에서도 아내의 구두가 바뀌거나 가방이 바뀌면 "또 샀어? 얼마 전에 비슷한 거 사지 않았어?"라는 말을 했다가 핀잔을 듣기 일쑤인 사람 입장에서는 이해하기 어려운 일이다.

지름신이 꼭 여성에게만 내리는 것은 아니다. 요즘 자동차, 오디오, 카메라, 신형 컴퓨터나 텔레비전과 같은 전자제품, 고급 자전거와 같은 세계는 남성들의 주된 소비 공간이다. 이 세계에 내리는 지름신은 강렬하고 짜릿한 경험을 선사한다. 그만큼 지름신에게 지급하는 비용도 크다.

"형, 사실 이거 500만 원짜리거든."
"와, 그렇게 비싼 거야? 최상품이구나."
"거기다가 튜닝을 좀 했거든."
"집에서 뭐라고 안 해?"
"당연히 집에는 100만 원짜리 싸게 샀다고 했지."

자전거에 한창 맛을 들인 후배가 '바꿈질'의 세계에 들어가 자전거를 업그레이드 해나가더니 결국 500만 원짜리 자전거를 들고 나타났다. 몰래 만든 마이너스 통장의 한도는 다 찼지만 우리가 그를 바라보는 부러움의 시선은 500만 원 값어치를 충분히 했다.

지름신은 관계를 뒤튼다. 배우자 사이의 속고 속이는 숨바꼭질이 엎치락뒤치락 밤새 일어난다. 하지만 더 큰 문제는 다음 날 아침이 된다고 제정신을 차릴 수 있는 것이 아니라는 점이다.

지름신의 강림이 지나치면 주화입마에 빠질 위험이 있다. 그럼에도 나방이 불구덩이로 뛰어들듯이 자신의 경제적 운용능력을 뛰어넘는 수준의 소비를 하게 되는 이유는 이성을 마비시키는 무의식의 동기가 있기 때문이다.

어느 순간부터 소비는 그 사람을 지탱하는 유일한 힘이 된다. 알코올 중독자의 입에 술이 들어가야 손떨림이 멈추고 정신이 돌아오듯이, 신용불량자가 될 위험을 무릅쓰고 신용카드를 긁어 원하는 물건을 손에 넣어야 불안과 긴장감이 사라지는 경지에 이르게 된다.

이런 상태는 20세기 초 유럽에서 이미 관찰되었다. 1924년 독일의 정신과 의사 에밀 크레펠린(Emil Krapelin)은 여기에 '구매광(oneomania)'이라는 이름을 붙였다. 이후 1990년대에 이르러 쇼핑중독에 걸린 사람에 대한 연구가 광범위하게 이루어졌다. 미국에서는 인구의 1~6퍼센트가 구매하는 데 충동적이고 자제력을 잃는 쇼핑중독이 있을 것이라고 추산될 정도였다. 또한 사회나 가정에서 문제가 될 수준까지는 아니지만 구매 행위에서 절제를 잘 못하는 사람이 대략 전체 인구의 4분의 1 정도에 이를 것이라는 예측도 있었다. 이처럼 쇼핑중독의 문제는 소비 지향의 사회에서 일찍이 관찰된 일이고 이들 중 소수는 개인파산을 신청해야 할 수준에 이르렀거나 정신과 상담을 받아야 하는 상태에까지 왔다.

다른 나라의 예를 들지 않더라도 21세기 한국은 소비 천국이라 해도 과언이 아니다. 더욱이 인터넷의 발달과 택배 문화는 지름신이 강림한 사람들에게 더할 나위 없이 좋은 소비 조건을 제공했다. 사람들은 굳이 남의 눈치를 보며 물건을 고를 필요가 없이 자기 방에 가만히 앉아서 무엇이든 살 수 있다는 것에 큰 매력을 느낀다. 게다가 저마다 싼값을 자랑하며 유혹을 해대니 도저히 견딜 재간이 없다.

소비를 통해 나를 치료하는 사람들

지름신의 유혹에 빠진 사람들은 두 종류로 나눌 수 있다.

첫 번째는 일종의 자가치료자들이다. 우울한 느낌을 술로 푸는 사람이 있듯이 이런 부류의 사람들은 기분이 울적할 때 평소보다 과도하게 돈을 써서 기분을 돌려놓는 경향이 있다. 항우울제보다 강력한 효과가 있는 것이 사실이다. 물론 그보다 훨씬 비싼 대가를 치른 것이다.

일시적으로 기분이 좋아지는 것은 분명하다. 그러나 반복적인 구매는 내성을 만든다. 더 자주 사고 더 많은 돈을 써야만 전과 같은 수준의 효과를 기대할 수 있게 되어버린다. 어느 순간부터는 필요하지 않은 물건도 그저 기분이 좋아져야 한다는 이유로 충동적으로 사게 되고, 경제적 능력을 넘어서는 비용을 지불하면서 현실적 어려움에 빠지게 된다. 그러다 보니 지를 때에는 이성을 잠시 놓고 카드를 꺼내들었지만 나중에 배달된 물건을 보고, 혹은 집에 돌아와 물건을 펼쳐놓고는 가혹한 수준의 죄의식을 경험하기도 한다. 그러나 관계 속에서나 생활 속에서 불가피하게 경험하게 되는 긴장감과 불안, 우울감은 오직 충동적인 소비를 통해서만 치유되도록 이미 길들여져 버렸다. 그러니 소비와 죄의식, 그로 인한 긴장이 또다시 더 큰 구매로 이어지는 악순환은 속도가 빨라질 뿐이다.

이런 고전적인 중독 모델로 설명이 되는 경우의 정반대에 속한 사람들이 있다. 이들은 소비를 통해 자아가 커지고 강해지는 것을 경험하며 남들이 가지지 못하는 물건을 소유하면 자아도 덩달아 커진다고 믿는다. 세상을 긍정적으로 보고, 경쟁적인 면이 상당히 강해서 남에게 지는 것을 견디지 못한다. 그래서 충동적으로 구매를 하기보다 얼리어답터적인 면이 강해 새로운 동향과 정보를 얻는 데 많은 시간과 에너지를 투자한다. 자기가 좋아하는 영역에 있어서는 전문가 수준으로 아는 것이 많고 자기가 모르는 내용을 남이 알고 있으면 자존심에 상처를 입고 아파한다. 남들이 모르는 것, 갖고 있지 않은 것을 소유하고 있다는 것이 이들에게는 무엇보다 중요하다.

몇 년 전 제일기획의 조사에서 얼리어답터의 46.4퍼센트는 '최신 제품을 갖지 않으면 남에게 뒤떨어진다'고 생각하며 44.3퍼센트는 '정말 갖고 싶은 것은 일단 사고 본다'고 답했다. 이는 아날로그 세대에 비해 두 배가 넘는 수치였다.

미국의 트렌드 분석가 페이스 팝콘(Faith Popcorn)은 현대인의 심리에 대해 '작은 사치(small indulgences)'라는 말로 설명한다. 작은 사치란 심리적 만족을 위해 구매 가능한 수준의 고급 물건을 소유하려는 행위로 21세기 트렌드라 할 수 있다. 이렇듯 작은 사치 수준이라면 우리의 삶은 소비를 통해 윤택해지고 아주 조금은 행복감을 느낄 수 있을 것이다.

한편, 검소와 절약은 소시민의 삶의 불문율이다. 우리는 앞날을 예측하기 힘들수록 더욱더 현재의 만족을 뒤로 미루고 충동적 소비를 자제하고 절약하면서 언제 발생할지 모를 미래의 재난을 대비해야 한다고 배웠다. 불확실한 미래의 위험을 막기 위해 과도한 보험금을 지출하며 금욕적으로 현재를 살아왔다. 그것이 집단생활의 사회적 공약이며 종교적 계율의 경제적 공약수다. '남의 것을 탐하지 말 것', '탐욕을 버릴 것'과 같은 안빈낙도의 삶이라고 할 수 있다.

그러나 지름신은 다르다. 현재에 충실할 것을 주장한다. 미래를 위해 포기했던 현재의 즐거움에 헌신하라고 한다. 더 나아가 미래에 써야 할 돈, 들어올 돈까지도 현재를 위해 사용하라고 한다. 신용카드의 신용도는 결국 미래에 지불할 수 있는 사회적 가치의 척도라고 할 수 있다. 그만큼 이용하지 않는 사람은 도리어 현재를 손해보는 것이라 여기게 만든다.

"내가 죽으면 들어올 부의금만큼만 앞당겨 쓰면 되는 거야."

마이너스 통장과 두세 장의 돌려막을 신용카드는 지름신의 청룡언월도와 장팔사모다.

그래도 찝찝하다. 어릴 때부터 반복주입된 검소와 절약 정신은 죄의식을 불러일으키지만 이런 죄의식이 강해질수록 구매 후의 짜릿함은 커진다. 길티 플레저(guilty pleasure)의 전형이다. 이 때문에 더욱더 과도한 소비를 멈추지 못하고 '지름신이 강림하신 것'이라고 얘기한다. 그러면서 '파산하지 않은 자 지름을 논하지 말라', '오늘 지름을 내일로 미루지 말라', '지름은 길고 인생은 짧다', '물품을 보고 지르지 않는 것은 용기가 없는 것이다', '하늘은 지르는 자를 돕는다'는 패러디 속담까지 만들면서 지름의 당위성을 역설하고 사람들과 공유하면서 죄책감을 희석하려 한다.

합리화(rationalization)의 방어기제가 작동한 것이다. 자기가 한 일에 대해 이런저런 구차한 변명을 늘어놓고, 왜 그럴 수밖에 없었는지에 대해 이성적인 이유를 만드는 것이다. 아내의 머리를 파리채로 내려치려던 남편이 아내와 눈이 마주치자 아내 머리 위에 날아다니는 파리를 보면서 "여보, 파리를 잡으려고 하는 거야"라고 하는 것과 같다.

두 번째는 투사다. 사실 내가 한 선택임에도, 내가 책임져야 하는 일인데도 '지름신'이라는 가상의 존재를 만들어 그 사람이 시켜서 그런 것이라고 생각해 버리는 것이다. 물론 농담같이 만든 말임에도 "내가 좀 비싼 것을 사버렸네"라고 말을 하는 것과 "지름신이 내려오셔서 내 의지와는 상관없이 지갑이 열려버렸네"라고 말을 하는 것은 느낌이 다르다. 아이가 길을 가다가 넘어지고 나면 엉엉 울면서 "엄마 때문에 넘어졌잖아!"라고 소리치는 것이 투사의 전형적인 행태. 내 마음 안에 두기 버거운 죄의식, 충동성, 본능적 유혹과 같은 심성을 외부의 대상으로 던져서 마치 '내 것이 아닌 양', '내가 결정한 것이 아니라 그저 명령을 따랐을 뿐인 양' 생각해서 괴로움을 느끼지 않으려는 원시적 방어기제다. 지름신을 탓하는 사람들의 내면에는 투사의 방어기제가 강하게 보인다.

합리화와 투사로 범벅이 된 내가 만든 우상 지름신. 그렇지만 이나마 없었다면 인생이 너무 팍팍하지 않았을까?

흔히들 우상을 파괴하라고 말한다. 그렇지만 간혹 내려주시는 지름신은 파괴하기 아까운 존재 같다. 항상 죄를 짓지 말고 착하게 살라면서 삶의 일거수일투족을 감독하고 현세의 고난을 내세의 천당에서 풀거나 업보라고 일컬으며 다음 생을 기약하라는 주류의 신들과 달리 지름신은 현재를 중요하게 여긴다. 중생은 내세의 환생을 기다리기보다 현생의 구원을 간절히 바란다. 현세의 고난을 풀어주는 미륵신앙은 굶주림에 시달리던 백성들의 아픔을 어루만져주었다.

지름신은 21세기의 미륵불이 아닐까. 살면서 매일 남이 나를 어떻게 보는가가 내 생각보다 중요하고, 지나친 자기절제의 당위성에 머뭇거리는 보잘것없는 인생살이에 아직은 '내가 원해서 산 거야'라고 선언할 용기가 없는 우리에게 지름신은 현재의 답답함을 해결해 줄 처방을 내려주는 존재다.

불확실하고 어두워 보이는 미래에 대한 신뢰할 수 없는 약속보다 현재의 포만감과 행복감을 원하는 중생들은 지름신을 모시려 한다. 품안에서 신용카드를 꺼내들면 삶의 괴로움에 찰나적이나 짜릿한 엔돌핀이라는 연고를 바르며 행복해할 수 있기 때문이다.

지치고 힘든 자들이여, 당신 마음에 지름신을 모셔라. 베짱이 같은 삶을 살다가 겨울에 고생할 수 있다고 여름에 개미처럼 일만 할 이유도 없는 법. 오늘을 즐기자!

고시,
인생 역전의
한 방

나는 꼭 붙을 거라는 믿음, 귀인오류

공무원, 의사, 교사가 되려고 공부하는 사람들에게 이유를 물으면 "안정적이고 정년이 보장되잖아요"라고 흔히 대답한다. 그 안에 직접 들어가보면 그렇지도 않은 면이 많지만 워낙 밖의 삶이 팍팍하기는 한 것이 현실이다. '사오정', '오륙도'라는 말이 횡행하며 앞으로 남은 직장 생활이 몇 년인지 알 수 없는 상태고 저주받은 20대는 '88만원 세대'라는 말을 들으면서 아예 직장이나 자기 일을 가져볼 기회조차 갖지 못하고 있으니 말이다.

의사가 되어도 그리 인생이 녹녹지 않다고 설명해 보지만 그런 말에 돌아오는 눈초리는 싸늘할 뿐이다.

'배부른 소리 하고 있네, 네가 어찌 내 사정을 이해해?'

스트레스가 많은 것은 인정하지만 그런 배부르고 안정적인 스트레스라면 백번이라도 감내하겠다는 것이다. 그런 의미에서 현재의 고시 열풍은 인생사의 스트레스를 해결하려는 본능적인 몸부림이라는 점에서 생각해 볼 필요가 있다.

스트레스를 피하기 위해 스트레스 받다?

스트레스(stress)라는 단어는 생물학자인 한스 셀리에(Hans Selye)라는 사람이 처음 의학적 의미로 사용했다. 사실 이 말은 꼭 나쁜 것만을 뜻하는 것이 아니다. 내 몸 안팎의 자극에 대해 반응하는 몸과 마음의 시스템 전체를 뜻하는 말로 시상대에서 떨리는 순간을 맞이하는 것과 같은 좋은 일도 스트레스에 포함된다. 스트레스에 대한 초기 연구는 위험한 일이 발생했을 때 몸의 자율신경계의 반응 양상을 밝히는 것에 집중했었다.

1960년대 리처드 라자루스(Richard Lazarus)라는 심리학자는 스트레스 연구를 인지적인 측면으로 확장하며 새로운 전기를 마련했다. 그는 스트레스에서 객관적인 양보다는 주관적인 해석이 훨씬 중요한 의미를 갖는다고 했다. 즉 어떤 일을 스트레스로 인식하는 데 가장 근본적인 역할을 하는 것은 당사자가 어떤 일이 벌어졌을 때 그 일을 어떻게 해석하고 받아들여서 평가하는가의 문제라는 것이다. 이를 바탕으로 보면 어떤 사람에게는 쉬워 보이는 일도 다른 사람에게는 어렵고 스트레스를 주는 일이 될 수 있다.

두 번째로는 어떤 사건이나 상황이 예측가능한 것인지, 혹은 감당하고 조절가능한 일인지 여부에 따라 스트레스로 인식하냐 안 하냐가 결정된다고 했다. 잘못한 것을 알고 열 대 맞기로 합의하고 선생님에게 매를 맞는 것보다는 그냥 가만히 앉아 있는데 선생님이 지나다가 한 대 툭 때리는 것이 훨씬 스트레스가 된다. 언제 맞을지 예측이 불가능하면 맞서 싸울 수 없는 조절불가능한 일이 되기 때문이다. 그래서 사람들은 어떻게든 스트레스를 경험하지 않기 위해 생활을 예측가능하게 만들려고 하고 자신이 조절하고 감당할 수 있는 영역으로 바꾸려고 노력한다.

이런 스트레스의 기본 이론에 입각해서 볼 때 지금 이 시대를 사는 사람들이 '고시'라는 방법론에 전부를 거는 것은 '고시'라는 이름이 붙는 시험을 통과하면 얻을 수 있는 선물이 바로 예측가능성(predictability)이거나 통제가능성(controllability)이기 때문이다.

공무원이나 교사라는 직업은 정년이 보장되고 상대적으로 하는 일이 예측가능한 편이다. 또 의사나 한의사가 하는 일은 일 자체가 예측가능한 것은 아니지만 전문직으로서 자신이 전체 상황을 통제할 수 있다. 전문직은 정년이 없을 뿐더러 자신이 삶을 계획하고 통제할 수 있는 여지를 가질 수 있다는 점에서 매력적이다.

지금 이 시대는 중년기가 지나면 인생을 정리하는 것이 아니라 또 한 번 다시 인생을 살아야 한다고 주장하는 인생이모작을 강요한다. 불확실성은 점차 증가하고 사람들은 여기서 오는 불안감을 줄이기 위한 노력으로 고시를 택하게 된다. 그런데 고시를 보지 않고도 얻을 수 있는 안정적인 직업도 있을 텐데 왜 사람들은 고시에 연연할까? 조선시대의 과거시험의 잔재가 남아 있는 것일까?

확실한 방법, 막연한 워너비

"우리 과 후배들 중에 스터디 하고 학원 다니는 애들이 많아요."

"하려면 일찍 해야죠. 경쟁이 정말 점점 심해진다고요."

이런 말을 하는 사람들은 마치 치열한 경쟁 사회로 진입하기 직전 막차라도 탄 듯이 안도의 한숨을 내쉰다. 나나 다른 동료교수 역시 의학전문대학원 학생들이 늦깎이로 들어와서 고생하는 것을 보면서 우리는 그래도 일찍 학교 졸업해서 의사도 되고 학교에 남았지만 저 친구들이 가야 할 길은 '멀고 험하다'고 생각하며 그들의 선택을 이해하기 어렵다고 여겼었다. 그것도 자기 학부에서 성적도 좋고, 인정도 받던 친구들이었는데 말이다. 이런 우려를 넌지시 얘기하면 학생들은

"그래도 이게 안전하고 평생 전문직이잖아요."

"교수님은 몰라요. 이공대 박사 되어도 말짱 꽝이에요."

라고 대답한다. 박사과정에서 몇 년 더 노력한다고 교수가 되는 것도 아니고, 연구소를 가도 그리 장래가 밝지 않으니 차라리 의대를 다시 다니는 것이 안전한 수익을 보장해 주는 투자라는 얘기다.

전철역에 들어가도 흰 가운을 입은 젊은이들이 청진기를 목에 걸고 활짝 웃으며 '의·치전원 합격률 전국 최고 ○○○학원 설명회, 신입생 모집'이라는 광고판에 서 있는 것을 볼 수 있다. 광고비가 꽤 들 텐데 이곳저곳 심심치 않게 보이는 걸 보니 관심 있는 사람도 많고, 시장이 된다는 얘기인 듯하다. 그냥 일부 사람들의 문제가 아니라는 얘기가 분명하다.

한번은 내가 근무하는 건국대 의학전문대학원의 학생들에게 학부

경력을 물어봤다. 유수 학교의 생물, 화학 전공자들이 대부분이었고 외국대학, 혹은 석사 이상의 경력이 있는 사람도 수두룩했다. 나이도 20대 중반에서 30대 중반까지 다양했다. '언제 1인분의 의사가 되려고 그러나'라는 안타까운 마음이 들어 생각해 보니 의학전문대학원 입학 시험뿐 아니라 각종 고시에 뛰어든 젊은이들은 도처에 깔려 있었다.

진료실에서도 이들을 심심찮게 만날 수 있다. 신림동, 노량진에서 몇 년째 기식하며 다양한 고시에 일로매진하며 청춘을 불태우는 사람들이 지쳐서 찾아오는 것이다. 요즘은 회사를 그만두겠다고 하소연하는 사람에게 관두면 뭘 할 것이냐고 물으면 대개 대답은 두 가지 중 하나다.

"일단 유럽이나 몇 달 여행할래요."

"공무원 시험이나 고시 봐야죠."

서울시 공무원의 문호를 개방하자 10만 명 가까운 사람들이 몰려와 북새통을 이루고, 지하철 벽에는 각종 고시학원 광고가 가득한 이 도시의 고시 열풍 안에 숨은 뜻은 무엇이란 말인가.

고시라고 해서 모두가 다 볼 수 있는 것은 아니다. 여기서 주목할 것은 이런저런 시험을 선택하는 사람들의 지난 경험을 들어보면 대부분 '공부 한가락은 하던 사람'이라는 것이다. 처음부터 공부하고 담을 쌓고 지내던 사람이라면 쉽사리 그런 결심을 할 수 없을 것이다. 하지만 나름 공부 좀 해본 경험이 있는 사람들이라면 다르다. '내가 그래도 이건 좀 하지'라는 생각을 상대적으로 쉽게 할 수 있는 것이다.

제일 자신 있는 걸 해라

사람이 살아가다 보면 전진만 할 수 있는 것이 아니다. 벽에 부딪히고 태클을 당하기도 하고, 도랑에 빠지는 일도 있다. 이럴 때 주저앉아서 쉬기도 하고 다른 길을 찾아 돌아가기도 한다. 그런데 어떤 사람들은 좀 더 쉬운 길을 찾기 위해 혹은 에너지를 덜 쓰기 위해 예전에 왔던 길로 돌아가서 거기서 다시 '클리어'한 단계부터 시작하려고 한다. 자기가 살면서 잘 했던 것을 다시 시도해 보는 것으로 지금의 어려움을 극복할 수 있을 것이라 믿는다. 예전에 공부 좀 했던 사람들이 결국 한 번의 시험과 성적으로 평가해서 삶을 결정하는 고시라는 일로 회귀하는 심리는 바로 여기에 있다.

그런데 왜 시험일까? 다른 성공의 기억도 많았을 텐데 굳이 시험을 택한 이유는 무엇일까? 시험만큼은 공정하고 객관적이라고 믿고 싶기 때문이다. 이런 류의 시험으로 뛰어드는 사람들은 "세상은 불공정해, 나를 알아주지 않아. 나는 불합리한 사회의 인간관계에 끼어들고 싶지 않아"라고 외친다. 특히 몇 년 정도 사회생활을 해본 사람은 더욱더 치를 떨면서 자기가 겪었던 직장에서의 인간관계의 괴로움에 대해 토로한다.

정말 직장생활이 그렇게 괴롭고 힘들기만 한 일인가? 그러면 지금 직장을 다니며 갑근세를 내고 있는 수많은 직장인들은 아무 생각없이 사는 이들인가 아니면 시험을 제대로 봐본 적이 없는 사람들인가. 그렇지 않다. 오히려 시험에 목매는 사람들이 인간관계를 푸는 능력이 떨어지거나 그런 노력을 하려고 하지 않은 사람일 수 있다. 이들은 인간관계의 불확실성, 자로 잰 듯이 떨어지는 것이 없는 관계의 모호함, 내가 준 것과 받은 것이 통장에 찍히듯이 정확하게 오고가지 않고, 불공평할 수밖에 없는 '갑과 을'의 관계를 감내해야 하는 것을 이해하거나 받아들일 수 없는 사람들인지도 모른다. 더 나아가 남들보다 그런 면에서 뒤지고 융통성도 발휘하지 못하는 사람일 확률이 높다.

IQ는 높은데 SQ(사회관계지수)는 낮은 사람들이다. IQ만 높은 사람들은 자기보다 못한 사람들이 도리어 성공하는 것을 인정하고 납득할 수 없다. 십수 년 동안 학교에서 다져진 지적 성취도 중심의 가치판단 체계를 부정해야만 하기 때문이다. 그동안은 기득권자였는데 이제는 자신들을 불합리한 체계에 의한 피해자로 합리화한다. 절이 싫으면 중이 떠나면 그만이지 불교는 썩었다고 말하며 신학교에 들어갈 이유는 없는데 말이다.

자꾸 시험에 떨어지면서도 쉽사리 포기하지 못하는 이유는, 99퍼센트의 실패자는 보이지 않고 1퍼센트의 성공신화만 보이기 때문이다. 99퍼센트의 실패자와 자신은 다르다고 애써 생각하고 그 이유를 만들어낸다. 자기가 갖고 있지 않은 그 사람의 문제점을 찾아내 실패할 수밖에 없는 충분한 이유들을 만들어낸다. 이를 기본적 귀인오류(fundamental attribution error)라 한다. 타인의 행동을 설명할 때 상황의 영향은 과소평가하고 개인의 특성 영향은 과대평가하는 경향, 이는 자신의 행동을 설명할 때에는 나타나지 않는 것으로 이를 통해 '나는 실패하지 않을 거야'라는 믿음은 강화된다. 이런 시간이 지날수록 '손절매'를 하고 추가적 손해를 피하면서 명예로운 퇴각을 할 시기를 놓치게 되는 것이다. 자기가 잘못하면 '상황' 탓으로, 타인이 잘못하면 '성격' 탓으로 돌리는 것도 이런 유형의 특징이다.

2002년 노벨경제학상을 탄 대니얼 카너먼(Daniel Kahneman)과 애모스 트베르스키(Amos Tversky)가 말했듯이 어떤 대상을 획득함으로써 얻을 수 있는 효용보다 그 대상을 잃게 돼서 느끼는 아픔의 크기가 훨씬 크기 때문에 사람들은 어떻게든 그 아픔을 피하려 노력한다. 이를 손실회피(aversion of loss)라고 한다.

고시의 세계에서는 붙을 사람은 4~5년 안에 70~80퍼센트가 붙고, 그 외의 사람들이 나머지 롱테일(long tail)을 만든다는 말이 떠돈다. 그 롱테일에 남아 있는 수많은 사람들이 지금도 손실을 회피하기 위해 손절매를 못하고 수렁에 빠져 허우적거리며 청춘을 보내고 있다.

결국 남는 것은 보상심리와 공격성

이렇게 엄청난 기대와 노력을 통해 시험이라는 관문을 통과한 사람들은 정말 좋은 전문인이 될까? 오랫동안 공부를 했고 필요로 하는 어려운 시험을 통과했으니, 또 그만큼 많은 시간 도를 닦았으니 인간적으로도 성숙했을 것이라고 생각하기 쉽지만 글쎄……. 인간에게는 기본적으로 '보상심리'라는 것이 있다. 자기가 갖고 있는 재화를 팔 때에는 내가 그 재화를 갖기 위해 지불할 용의가 있는 것보다 더 큰 금액을 요구하는 경향이 있다. 이를 초기부존 효과(endowment effect)라고 한다.

그동안 투자한 것보다 최소한 법정이자 이상을 5년 거치 20년 상환이 아닌 최대한 단기간에 금전적, 사회적 지위, 정치적 영향력 어느 형태로건 뽑아내야 만족감을 느낄 수 있다. 이런 욕구를 끊임없이 억제하고 '공공선'이라는 이름으로만 사는 것도 그리 정신건강에 이로운 것은 아니다. 왜냐하면 오랫동안 억눌러온 놀고 싶은, 편하게 살고 싶은 욕구는 어느덧 그 반대편의 공격성으로 전환되어 어느 한쪽 구석에 차곡차곡 쌓여서 분출될 대상만 호시탐탐 노리고 있기 때문이다.

오히려 적당히 어영부영 된 것 같고, 약간은 운 좋게 그 자리에 올라 미안한 마음도 조금 들어야 남 생각도 하고 나눠줄 것도 있고 욕심도 덜 차리기 마련이다. 그런데 20~30대의 끓어오르는 욕구와 소시민적 행복을 포기하고, 반복적인 좌절감과 열등감을 경험한 후 겨우겨우 얻은 자리라면 그 사람이 어떤 공격성을 드러낼 위험은 커진다. 한쪽은 확실한 보상을 요구하거나 그것이 막힐 때 불특정의 공격성을 발휘할 것이고, 그 반대쪽은 자리를 차지하고 있는 자의 불공정한 우위를 성토하며 비난하거나 자신도 그 자리에 서기 위한 줄에 동참하는 행태가 반복강화될 위험이 있다.

이건 단순한 게임의 법칙이다. 그리고 많은 사람들은 이것만이 그나마 가장 공평한 게임이라고 인정한다. 그래서 너무 많은 사람들이 고시에 몰린다. 배운 기술이 시험보기뿐인 사람은 백사장 모래만큼 많기 때문이다. 오늘도 도시 전역에서 각기 다른 방식으로 벌어지고 있다. 범생이들의 합법적 의자 뺏기 게임.

24시간
연중무휴

본능은 즉각적 만족을 원한다

미처 아침을 먹을 틈도 없이 급하게 집을 나오게 되는 날, 오전에 외래 진료가 있으면 걱정이 앞선다. 정오가 한참 지난 시간까지 환자를 봐야 할 텐데 저혈당이 올 것이 분명하기 때문이다. 배가 고파서 저혈당이 오면 나는 물론이고 환자에게도 좋은 일이 아니다. 내가 짜증이 나고 초조해지니 말이다. 그런 고민을 하면서 뭐라도 먹어야겠다는 생각을 할 때 전철역 초입에서 김밥을 파는 아줌마가 나를 구원해준다. 꾸역꾸역 입 안에 김밥을 밀어넣는 미욱한 모습이 한심한지 힐끗힐끗 쳐다보는 옆 자리 아가씨의 눈빛을 의식하면서 이런저런 생각이 든다. '언제부터 김밥이 응급 아침식사가 되었나…….'

김밥이 분식집의 대표 미끼 상품이 된 것은 오래되지 않았다. 24시간 김밥집의 통유리 앞에서 1,000원 고정메뉴로 즉석김밥이 팔리면서

164

김밥은 아주 빨리 거리의 간편한 한 끼로 자리잡았다. 이제 김밥은 어쩌다 한 끼를 때우기 위해 혹은 급한 허기를 채우기 위해 먹는 대용품이 되었다. 더 이상 특별한 날의 메뉴가 아니다.

김밥과 마찬가지로 많은 물건들이 시대가 변하면서 고유의 이미지 값이 달라지는 것을 목격하게 된다. 물건의 포장방법, 전달방법의 변화가 이미지의 변화를 주도한다. 식혜가 그렇다. 식혜는 명절에나 먹을 수 있는 특식이었다. 이런 특식이 깡통 식혜로 등장했을 때는 경이로운 마음마저 들었다.

수정과까지 깡통에 담아 파는 음료수 문화는 수요를 따라 점점 다양한 형태로 나아갔다. 반면 식혜와 수정과는 이제 더는 우리의 마음을 울리지 못하는 그냥 그렇고 그런 음료가 되었다. 원래의 특별함이 너무 많이 그리고 쉽게 접하게 되면서 닳아 없어져버렸다. 한번 각인된 이미지는 쉽사리 사라지지 않지만, 환경이 변하면 영원불멸하리라 여겨지던 이미지도 서서히 변화한다.

도시 안에서 이미지를 탈바꿈한다

이미지는 끊임없이 과잉 편식되고 소모되면서 잠식된다. 자본의 논리와 편의에 맞추어서 이미지의 원래 가치는 빛을 잃거나 역동적으로 변화하는데, 특히 도시는 한 가지 물건에 대한 이미지가 오랫동안 안정적으로 유지되기 어려운 곳이다. 꼭 물건만 그런 것이 아니다. 사람 사이의 관계도 마찬가지다. 어떤 사람을 만나 알게 되면서 그 사람에 대한 이미지가 형성되고 내게 우호적인가 영양가 있는 사람인가, 아니면 경계를 하고 피해야 할 사람인가를 구분짓게 된다. 상대방에 대한 초기값이 정해지면 그 값은 시간이 흘러도 쉽사리 달라지지 않는다. 그동안 내가 만들어놓은 인간관계의 데이터베이스에 맞춰 한 사람을 일단 평가하고 값을 매기는 이유는 효율적이고 간편하기 때문이다.

혈액형으로 상대의 성격을 단정 짓는 사람들이 대표적이다. 사람들이 혈액형별로 사람을 분류하려고 하는 것은 좀 더 쉽게 그 사람의 다음 행동을 예측할 수 있다고 믿기 때문이다. 상대방의 행동을 예측할 수 있으면 앞으로 벌어질 일을 준비할 수 있고, 당황하지 않을 수 있다. 그러면 나는 상대방과의 관계 속에서 다치지 않고 안전할 수 있다. 그런데 사람의 행동은 정해진 혈액형처럼 그렇게 단순하지가 않다. 믿을 만한 사람인 줄 알고 털어놓은 비밀이 다음 날 모든 사람들에게 알려져 낭패를 본 적이 있는 사람이라면 이 말을 더 잘 이해할 것이다. 좋은 사람인 줄 알았는데 알고 보니 아닌 경우가 비일비재하다. 완벽하다고 생각한 나의 예측시스템이 틀릴 수 있다는 의심이 들면 큰 혼란을 겪는다.

제롬 브루너(Jerome Bruner)와 레오 포스트먼(Leo Postman) 박사는 1949년 대학생을 대상으로 아주 짧은 시간 동안 빨간색 스페이드, 검은색 다이아몬드와 같은 변종 카드를 섞어서 보여주는 실험을 했다. 학생들은 원래 카드의 스페이드 무늬는 검은색이고 다이아몬드는 빨간색인데도 처음에는 아무 생각 없이 빨간 스페이드를 스페이드로, 검은 다이아몬드를 다이아몬드라고 대답했다. 그런데 자꾸 반복되자 학생들은 조금씩 헷갈리기 시작하며 혼란스러워했다. 다이아몬드는 빨간색, 스페이드는 검은색이란 고정관념이 흔들린 것이다. 그러자 학생들은 자신의 기존 지식체계가 송두리째 흔들리는 경험을 하였고 다음부터는 아주 기본적이고 간단한 문제도 제대로 대답하지 못하는 상태가 되어버렸다.

지금 우리가 사는 사회가 그렇다. 매 순간 내 가치의 기준치를 바꾸고 재조정해야 한다. 기준치와 그간의 평가를 조정하는 일은 상당한 에너지와 마음의 비용을 필요로 한다. 자잘한 영점조정 수준이 아니라 간헐적으로 큰 변화를 감내해야 하기도 한다. 어디에 기준점을 둘지 알 수 없을 때 나의 중심은 이쪽에서 저쪽으로 계속 팔랑거린다.

이와 같은 지속적 진자운동은 사람을 힘들고 지치게 만든다. 직관적으로 판단할 때가 편하고 가장 에너지가 적게 든다. 하지만 직관적 판단이 틀릴 수 있다는 증거가 속속 발견되면 그 직관을 영점조정해야 한다. 생각의 틀인 스키마를 바꿔야 하는 것이다.

로마에 가면 로마법을 따르면 된다. 그러나 로마는 평생 한두 번이나 갈까? 내가 사는 익숙한 이곳의 상황이 조변석개해서 오래된 생각의 틀이나 이미지의 데이터베이스를 자꾸 바꿔야 할 일이 벌어지면 머리는 복잡해진다. 상시로 사업방향을 바꾸고 구조조정을 하는 회사조직과 같다. 이럴 때 역동성은 증가할지 모르나 안정성은 그에 반비례하여 떨어진다. 이런 일이 사회 전반으로 파급되면, 결국 사회의 안정성은 떨어지고 유동성만 올라가 사회 전체가 출렁이기 시작할 것이다. 김밥의 이미지 변화는 이런 사회적 유동성 증가의 리트머스 시험지다.

시간관념이 파괴된 도시

김밥을 24시간 쉬지 않고 파는 곳을 10년 전만 해도 상상이나 할 수 있었을까? 도시는 시간의 리듬이 파괴된 공간이다. 해가 뜨면 일어나서 일하고 해가 지면 들어가 밥해 먹고 잠을 자던 농경사회의 리듬은 기대할 수 없다. 24시간 도시의 어느 구석은 항상 깨어 있다. 수많은 직업이 교대근무를 하고, 혼자 일을 하는 자유직업이 점차 늘면서 자기 취향에 맞춰 올빼미족과 종달새족으로 나눠서 생활하는 사람들까지 사회의 한 그룹을 이루게 되었다. 그러다 보니 자정이 지난 한밤중에도 몇몇 가게는 밤새 불을 밝히고 사람들을 반긴다. 이전에는 자정이면 애국가가 나오면서 텔레비전이 꺼졌지만 이제 케이블과 위성 텔레비전은 24시간 수십 개의 채널에서 프로그램을 토해 낸다.

예전에는 내가 세상에 맞춰야 했다. 사고 싶은 것이 있으면 가게가 문을 열 때까지 기다려야 했고, 좋아하는 프로그램을 놓치면 주말의 재방송을 기약해야 했다. 그러나 지금은 시간 사용의 제한이 완전히 사라져버렸다. 이런 변화는 "원하라, 그러면 얻으리라"라는 현대적 삶의 구호를 실현해 주었다. 사람들은 점점 불편하고 느린 것을 못 견디고, 기다림은 더 이상 미덕이 아니다. 이제는 참고 기다리기보다 환경이 내게 맞춰 변해주는 것이 당연한 것이라 여긴다. 환경은 이런 대중의 압력에 부응하여 빠르게 변화하지만, 사람들의 참을성과 환경에 대한 적응력은 빠른 속도로 퇴화했다.

퇴화는 진화의 역행으로, 이것의 결과물은 자칫 위험할 수 있다. 모리셔스 섬의 도도새를 떠올려보자. 먹이사슬의 꼭대기에 있었던 도도새는 오랜 세월이 지나며 나는 능력을 상실했다. 1500년대 초반 포르투갈인이 이 섬을 방문했을 때 인간을 처음 본 도도새는 아무 경계심 없이 그들에게 다가갔다고 한다. 사람들은 뒤뚱거리는 먹음직한 새를 몽둥이로 손쉽게 때려잡았고, 도도새는 사람들의 먹이가 된 뒤 100년 만에 지구상에서 사라져버렸다. 나는 법을 배우기에 100년은 너무 짧은 시간이었다.

그러나 다행히 사람의 퇴행은 대부분 일시적이다. 동생이 태어나면 잘 하던 대소변 가리기를 못 하는 것도 퇴행의 일종이고, 고등학교 동창을 만난 50대 아저씨들이 상소리를 하면서 10대일 때의 행동을 보이는 것도 일시적 퇴행이다. 사람에게는 유전자(gene)뿐 아니라 세대 내에서 문화적으로 통용되는 밈(meme)이 있기 때문이다. 덕분에 멸종이 되지는 않겠지만 도도새의 괴로움을 겪을 위험이 아주 없다고 할 수는 없다. 배워서 내 것으로 만들기는 어렵지만 뒤로 돌아가는 것은 너무 쉽고, 다시 되돌리는 데에는 고통과 비용이 수반되기 때문이다.

프로이트는 본능의 욕구는 즉각적 만족(immediate gratification)을 원한다고 정의하였다. 아이가 자기가 원하는 과자를 바로 먹지 못한다고 발을 동동 구르며 떼를 쓰는 것은 욕구충족이 되지 못했기 때문이다. 그러나 자라면서 당장은 놀고 싶더라도 참고 시험을 잘 봐서 부모에게 칭찬을 받는 것이 더 큰 기쁨이라는 것을 알게 되면서 점차 아이는 즉각적 만족을 지연시켜 더 큰 만족을 얻는다는 것을 배우게 된다. 이것이 지연된 만족(delayed gratification)이다.

인간의 발전은 이기적인 삶에서 이타적인 삶을 배우는 것이 한 축이며, 다른 한편으로 즉각적 만족을 억제하고 지연된 더 큰 만족을 얻는 기쁨을 배워가는 것이라고 하였다. 그래야 인간은 사회라는 큰 틀 안에서 서로 배려하고 더 큰 목적을 위해 희생하고 기다리며 노력할 줄 알게 된다.

그런데 현대의 삶은 거꾸로 간다. 기다림을 참는 능력이 점차 줄어든다. 여우가 원숭이에게 꽃신을 사줘서 발바닥을 말랑말랑하게 만들어버렸듯이, 현대인의 참을성은 점차 '제로'를 향해 나아간다. 우리나라 사람들이 외국에 이민이나 유학을 가서 관공서의 '느려터진' 속도를 참지 못하는 것도, '빨리빨리'라는 말이 세계어가 되어가는 것에도 이런 환경의 변화가 한몫하고 있으리라.

환경은 본능의 즉각적 만족을 제공하는 쪽으로 변화하고 쾌락원칙은 갈수록 힘을 얻는다. 그러니 당장 원하는 것을 얻지 못하면 참지 못한다. '기다려야 되는구나'라고 생각하기보다 '왜 안 되는 거야'라고 짜증부터 낸다. 내가 무리한 요구를 했다고 생각하기보다 준비되지 않은 공급자를 탓한다. 이제 내가 세상에 맞추는 것이 아니라 세상이 나를 중심으로 변하기를 바라고, 생각하고, 판단하게 된다. 인성(人性)이 바뀐 것이다.

도시인의 간절한 꿈, 슬로 라이프

역설적으로 도시의 삶이 시간과 장소의 제약으로부터 자유로워질수록 인간의 삶은 전진을 멈추고 제자리에서 맴돌며 미숙했던 예전으로 밀려 내려가게 된다. 그런 삶에 대한 위기의식의 발로가 슬로 라이프 운동인지도 모르겠다. 그러나 지금의 도시인들이 그런 삶에 동참할 수 있을까? 슬로 라이프를 실현하는 사람을 존경스러워하면서도 마이너리티로 규정하는 이곳, 여기 메가시티는 아이가 되어가는 어른들의 놀이터다.

지금이라도 슬로 라이프를 시작해 퇴행된 기다림 능력을 되살려보자. 냉동고의 얼린 밥이나 즉석밥을 꺼내 전자레인지에 돌려 대접에 넣고 이것저것 집어넣어 쓱쓱 비벼 텔레비전 앞에 앉아 주린 배를 당장 채우는 삶은 간편하다. 그러나 조금만 기다려서 제대로 먹어보자. 한 그릇의 밥을 냄비에 안치고, 간단하게라도 요리를 하나 만든다. 반찬을 김치통째 꺼내지 말고 작은 접시에 보기 좋게 담는다. 그리고 식탁에 앉아 밥알 하나하나의 단맛을 음미하면서 천천히 먹는다. 아침의 전철역 한 줄 김밥으로 그저 채워넣기만 했던 패스트 라이프의 패스트 푸드는 절대 채워줄 수 없는 정서적 충만과 '아…… 삶이 이런 것이지'라는 각성이 일어날 것이다.

슬로 라이프 운동은 귀농을 뜻하거나 차를 타지 말고 무조건 걸으라는 것은 아니다. 조금 느리더라도 잃어버린 참을성을 되살려 삶의 본질을 재경험하자는 운동이다. 이런 삶을 기본으로 하고 1,000원 김밥이 하나의 선택이 될 때 삶은 확장되고 유연해진다. 그러나 1,000원 김밥이 필수선택이 되어버린다면 우리가 지켜야 할 품위와 자연스러운 리듬감은 김밥 한 개를 먹을 때마다 변박자로 어긋나기 시작할 것이다. 엇박자를 타서 내 다리에 내가 걸려 넘어지면 누구를 탓할 수도 없다. 지금 여기저기 넘어져 망연자실해 하는 사람들이 보인다. 툭툭 털고 일어나 반창고 하나 붙이고 잊어버린 원래의 리듬을 기억해 보자.

조금만 노력하면 느리지만 기분 좋은 소풍날 산책 같은 발걸음을 다시 찾을 수 있다. 바람을 맞으며 햇살을 즐기며 만끽한 산책이 끝나는 곳에는 돗자리와 집에서 싸온 김밥이 기다리고 있을 것이다.

생면부지의
타인에게
목숨을 맡기는
대리운전

쾌락원칙의 승리

차를 팔고 대중교통을 이용한 지 2년이 지났지만 여전히 저녁 7시나 8시가 되면 무차별적으로 문자메시지가 온다. 대리운전을 이용하라는 내용이다. 게다가 요즘은 내용도 자극적이다. '아싸 대리운전', '오빠 대리운전'……. 친절과 정성으로 모신다는 그들의 노력이 애처롭기까지 할 정도다. 아직까지 내 휴대전화 번호가 데이터베이스에 남아 있는 것을 보면 도대체 얼마나 많은 사람들의 번호가 그들에게 등록되어 있을지 궁금해진다.

대리운전은 한국에서 기형적으로 자라난 문화상품의 하나로, 다른 나라에서는 상상하기 어려운 현상이다. 필리핀에 갔을 때의 일이다. 마닐라의 쇼핑몰에서 호텔로 돌아가는 택시를 타려고 줄을 섰다. 사설 경비원은 내가 타는 택시의 번호를 적어주었다. 사고가 날 것을 방지하기 위해서였던 것이다. 그런 곳이니 자기 차의 운전대를 남에게 맡기는 것은 상상도 못 할 일이다.

한국에서는 일상적으로 대리운전을 부른다. 이런 사람들 중에는 야심한 밤 상당히 취한 상태로 택시를 탔다가 엉뚱한 곳에 끌려가서 강도를 당할지도 모른다는 두려움을 가진 이가 많을 것이다. 사실 택시를 타는 것보다 대리운전이 더 불안한 일이 될 수 있는데 말이다.

자기 차의 운전대를 생면부지의 타인에게 맡겨놓는 일이 바로 대리운전이다. 게다가 대리운전 기사와는 어쩔 수 없이 집 바로 앞까지 함께 가야만 한다. 집과 휴대전화 번호가 노출되어 있으니 그 사람이 흑심을 품기라도 하면 꼼짝없이 당해야 하는 상황이 된다. 대리운전 회사에서 파견한 직원이니 안심할 수 있다고 생각하지만, 회사에서 얼마나 검증을 하는지 우리는 알 길이 없다. 그저 손해보험에 등록된 업체라서 사고가 날 경우 배상이라도 받을 수 있기를 바랄 뿐이다. 너무 피해의식으로 똘똘 뭉친 것 아니냐고 반문할 수 있겠다. 내가 겪은 일 하나를 더 들어보기 바란다.

불신 천국, 신뢰 지옥

용인에서 직장을 다닐 때다. 그곳은 대리운전 업체가 거의 없어서 지역의 택시 기사들이 아르바이트 삼아 서울까지 대리운전을 하는 시스템이었다. 그러다 보니 요금이 무척 비쌌다. 그래서 대개 술자리가 있는 날은 차를 가져가지 않았는데, 그날은 일이 꼬여서 대리운전을 부르게 되었다. 요금을 합의하고 서울로 떠날 때까지는 좋았다. 이왕 가는 길이라 서울에 사는 다른 사람을 태우고 가다가 중간에 잠시 내려주고 집에 잘 도착했다. 그런데 원래 합의한 금액을 내자 기사의 태도가 달라졌다.

"좀 더 주셔야죠."

"왜요?"

"아까 중간에 내리느라 돌아왔잖아요. 안 그래요?"

"잠깐 돌아온 건데 몇 만원을 더 달라는 게 말이 돼요?"

"여기는 원래 그래요."

막무가내였다. 그런데 뒤를 보자 그를 태우고 돌아가기 위해 구형 그랜저를 타고 내 차를 따라온 두세 명의 덩치 좋은 친구들이 차에서 내리는 것이다. 순간 본능적 불안감이 엄습하며 술이 확 깼고 나는 그가 달라는 돈을 군소리 없이 다 지불할 수밖에 없었다. 그 뒤로 한동안 그 지역에서 대리운전을 이용하지 못했다.

도시의 삶은 불신의 도가니다. 사람을 믿을 수 없다. 오랜 친교의 시간도, 상대방에 대한 근본적인 믿음도 없다. CCTV는 사방에서 감시하고, 모든 거래와 관계에는 안전장치가 만들어져 있다. 하지만 타인을 믿지 못하는 마음이 강해질수록 그 화살은 자신에게 돌아와 결국 '나는 누구인지'조차 헷갈리는 상황에 빠지는 사람들이 점차 늘어나는 것이 바로 지금 여기의 모습이다.

그런데도 사람들은 대리운전만큼은 허용한다. 휴대전화 하나만을 안전장치로 삼은 채 돈이라는 매개체로 타인에게 내 생명과 안전을 맡기는 찰나적 관계를 맺는 데 주저함이 없다. 아파트에 기본 열쇠만으로는 성이 차지 않아서 보조자물쇠를 다는 사람이, 옆집 사람과 친해지는 것도 괜한 경계심에 불편해하는 사람이, 동네 마트에서 가게 주인이 살갑게 묻는 사적인 질문에도 예민한 반응을 보이던 사람이, 대리운전에 있어서만은 이토록 관용적이고 근거 없는 신뢰를 갖는 아이러니의 근원은 무엇인가.

가사도우미를 집으로 들이는 것도 유사하다. 직장을 다니는 사람의 경우에는 열쇠를 주고 출근을 하거나, 집으로 들어오는 비밀번호를 알려준다. 아무리 믿을 만한 사람이나 업체에서 소개를 받은 사람이라고 해도 의심하기 시작하면 끝도 없는 일이 될 수 있다. 그런데도 가사일로부터 해방될 수 있다는 편리함은 그 모든 의심의 잡초들을 초기에 뽑아버리고 집 열쇠를 낯선 타인에게 맡기게 만든다.

뿌리 깊은 불신에 따른 의심을 잠재우는 이런 힘의 근원은 즉각적 만족에 대한 욕구다. 사람에게는 안전에 대한 의심에 앞서서 편하고 싶고, 당장 얻고자 하는 것을 손에 넣고 싶은 쾌락원칙(pleasure principle)에 충실하고픈 욕망이 있다. 본능은 이 쾌락원칙에 의해 움직이고, 합리적으로 계산된 위험이나 대가보다 얻을 수 있는 쾌락이 가깝고 확실하다면 별다른 주저 없이 쾌락원칙에 따른다.

모임 자리에 차를 가져가서 술을 마시지 않고 버티다가도 결국 마시게 되면 또 귀찮아진다. 차를 두고 갔다가는 다음 날 차를 가지러 와야 하는 수고를 해야 하니 이중으로 시간과 돈이 든다. 게다가 전과 달리 극심한 경쟁 덕분에 대리운전에 드는 비용은 택시비보다도 싸다. 경제적 손실의 압박이 크지 않으니 굳이 귀찮음과 번거로움을 감수할 필요성이 없다. 자신의 쾌락을 위해 약간의 비용을 지불하는 것일 뿐이라고 생각하는 것이다. 약간의 찜찜함은 그로 인해 생기는 편안함이 충분히 상쇄해 줄 수 있다.

쾌락을 위한 단기마취제

그래도 불안함이 약간이라도 남아 있다면? 인간은 자신이 이미 저질러버린 행동을 정당화하고, 원칙에 근거할 때에는 잘못이라고 할 만한 것을 애써 '대수롭지 않은 것'으로 만들어버린다. 이를 통해 자신의 평소 생각이나 태도와 실제 행동하는 방식을 안정된 평형관계로 유지하려 한다. 생각과 행동 사이에 모순이 발생해 부딪히면 갈등과 망설임이 생긴다. 그럴 때에는 생각과 느낌 어느 한쪽을 바꾸려고 하기보다 일단 모순으로 인해 생긴 불편함을 없애려 애쓴다. 불일치가 지속되는 한 내가 한 행동이 말이 되지 않는다는 느낌으로 고통을 받기 때문이다.

사회심리학자 레온 페스팅거(Leon Festinger)의 인지부조화 이론에 따르면 사람들은 그럴 경우 행동을 중지하지 않고, 기존에 갖고 있던 의견이나 경험을 행동에 맞춰 귀납적으로 수정하여 불일치를 해소하는 태도를 취한다고 한다. 사람들이 대리운전이란 모순적 서비스를 거리낌 없이 애용하는 이유가 여기에 있다. 평소 타인을 믿지 못하며 전면방어를 하면서 살아가는 우리가 한밤의 편리함과 내일의 불편을 없애기 위해 낯선 타인에게 운전대를 맡기고 집을 알려준다. 그때 '위험하지 않아. 별일 없어. 대리운전은 아주 안전해'라는 마법으로 가치관을 일시적으로 수정해서 피해의식을 마취시킨다.

피해의식보다 쾌락원칙이란 본능적 욕구의 힘은 훨씬 강하고 파괴력이 있는 것 같다. 특히 술 한 잔 마시고 '귀차니즘'이 온몸을 감싸는 순간 평상시의 피해의식과 경계심은 저 멀리 사라져버리고 대리운전 기사의 손길에 내 차와 나의 운명을 내맡기게 된다.

대리운전은 이 사회에서 살아남기 위해 낮 시간 동안 애써 수준을 높여놓은 경계심을 낮춰주는 속효성 단기 마취제와 같다. 다시 날이 밝으면 우리의 경계심은 예전으로 돌아가 그 누구도 믿을 수 없어하고 심해지면 자신도 믿을 수 없게 된다. 그리고 한껏 올려놓은 경계심으로 지친 몸과 마음을 풀기 위해 술을 마시고 다시 또 대리운전이라는 마취제를 마신다.

돈으로
몸을 사는
사람들

멈출 수 없는 섹스 중독

번화가에 차를 주차하는 날이면 차창에 작은 카드들이 다닥다닥 붙는다. '출장 마사지', '여성 전화 채팅'……. 눈을 돌려 골목을 유심히 보면 증기탕, 여대생 스포츠 마사지, 안마시술소 같은 간판이 상가 건물 3층이나 4층에 널려 있다.

한번은 미국에서 온 친척이 이발소에 갔다가 황당한 경험을 한 적이 있었다. 그가 자리에 앉자마자 여종업원이 물수건으로 얼굴을 가리고 마사지를 하기 시작해서 놀라 일어나 "뭐 하는 거예요?"라고 하자, 도리어 아가씨가 황당해 하면서 "모르고 오셨어요? 원래 이런 곳이에요"라고 대답해 황급히 나왔다고 한다. 겉으로 써 있는 '안마', '이발'이라는 단어만 믿었다가는 낭패 보기 쉬운 도시다.

나 역시 그런 경험을 한 적이 있다. 목 뒤가 뭉쳐서 스포츠 마사지라도 받아야겠다는 일념에 홍대 근처에서 마사지라고 써 있는 곳에 들어 갔다. 점장인 듯한 남자가 나를 위아래로 쳐다봤다. 날이 꽤 더운 초여름이었기에 나는 땀에 절어 있었고 무척 초췌한 모습이었다.

그 남자는 다짜고짜 물었다.

"와보셨죠?"

"아…… 저 마사지 좀 받으려고 하는데요. 한 시간에 얼마죠?"

"네? 여기는 음……" 하면서 잠시 난처해하더니 설명을 했다.

"손님, 여기는 마사지는 잠깐 하고요, 여대생이 나머지 서비스를 해드리는 곳이거든요. 서비스까지 10만 원 정도 합니다."

그제서야 나는 이곳이 성과 관련한 서비스를 제공하는 곳인 '여대생 마사지' 업소라는 것을 알아차렸다. 당황한 나는 그 건물을 나와 '여대생'이란 말도 없고 '안마'라는 말도 써 있지 않은 '스포츠 마사지'라고만 써 있는 곳으로 간 뒤에야 뭉친 근육을 풀 수 있었다.

몸으로 스트레스를 풀어라

포유류는 발정기가 아닌 시기에는 성적 욕구가 없다가 특정한 때가 되면 종족 번식을 위해서 짝짓기를 한다. 그런데 인간만은 다르다. 인간은 거의 유일하게 발정기가 없는 동물이다. 1년 어느 날이건 섹스를 하고 싶어하고, 또 할 수 있다. 그리고 상당수가 일정 기간 섹스를 해서 욕구를 해소하지 않으면 무척 불편해한다. 성적인 환상을 꿈꾸는 것을 좋아하고, 때로는 성관계를 통해 애착 관계가 형성된다고 여기기도 한다. 섹스를 하고 싶은데 못 하면 스트레스가 증가하고, 어떻게든 성적 욕구가 해결되면 그 스트레스는 떨어지고 긴장감이 완화되는 경험을 한다. 그래서 일부에서는 이런 긴장 완화의 쾌감에 집착해서 반복적인 육체적 성관계에 탐닉하는 섹스 중독이라는 신종 정신질환에 빠진 사람들도 생겨난다.

꼭 그 정도는 아니더라도 성에 대한 인간의 호기심은 대단위의 섹스산업을 발전시켰다. 마크 펜(Mark Penn) 등이 쓴 『마이크로트랜드(Microtrends)』를 보면 미국의 성인 중 정기적으로 포르노 사이트를 방문하는 사람이 4천만 명이라고 한다. 이는 미국 사람들이 가장 좋아하는 스포츠인 야구를 보기 위해 경기장을 정기적으로 가는 경우의 열 배가 넘는다. 이런 인터넷 포르노 사이트가 벌어들이는 돈은 미국 방송국들이 올리는 수입 총액의 두 배는 된다고 한다.

겉으로는 모두 성인군자 같아 보인다. 그렇지만 많은 이들은 성에 대해 관심이 많고, 무척 중요한 것으로 여긴다. 그래서 섹스 산업은 번창하고 이런 현상에는 예외가 없다. 문화적 차이와 나라별 법적 규제의 차이에 따라 성행하는 형식이 조금씩 다를 뿐이다.

최근에는 '대딸방'이란 것도 생겼다고 한다. 여대생이 자위행위를 해준다는 곳이다. 안마시술소는 안마를 해주는 맹인 안마사와 시술(!)을 해주는 안내원이 있는 곳이며, 예전에 터키탕으로 불리던 증기탕은 접객원이 목욕을 시켜주고 성적 배설을 돕는다고 한다.

이런 곳들의 특징은 시술을 받는 남성은 별다른 할 일이 없다는 것이다. 남성은 가만히 있으면 되고 여성이 모든 것을 순서에 따라 진행한다. 하물며 성행위를 할 때에도 노력을 할 필요가 없고, 상대방을 만족시키려 신경을 쓸 필요도 없이 그저 때가 돼서 배설을 하면 된다. 이런 것도 성관계일까 싶지만 잘되는 가게는 대낮에도 사람들이 줄을 서서 찾는다니, 남성이란 배설하지 못하면 괴로워하는 불쌍한 동물이란 안타까움까지도 생긴다.

현대사회의 남성들은 자신들이 과도한 스트레스 속에 산다고 여긴다. 경쟁에서 이기는 것은 고사하고 뒤로 떠밀리지 않으려고 안간힘을 쓰는 것만으로도 힘에 부친다는 것이다. 물론 그런 면이 있는 것이 사실이다. 약한 모습 보이기 싫고, 그래서 허세를 부리고 '나 죽지 않았어'라고 쓴 끈을 머리에 동여매고 살아가는 것 같다.

하루하루가 이렇다 보니 쉴 때만은 에너지를 쏟고 싶지 않은 것이 일반적인 심정이다. 그저 돈으로 해결할 수 있다면 마다할 이유가 없다. 능동적이고 주도적인 자세를 취하고 싶지 않다. 간혹 평소의 억압된 욕구가 변태적 방법으로 표출되어서 지나친 가학성을 추구하는 극소수의 사람들이 있기는 하겠지만 성매매 업소를 찾는 대부분의 사람들의 심리는 '더는 신경 쓰고 싶지 않아. 나 피곤해. 알아서 해줘'다.

성행위는 크게 네 단계로 나뉜다. 처음 상대방에 대해 몸과 마음이 반응을 보이기 시작하는 욕망기를 지나 흥분기에 들어가면 온몸은 흥분되고 점차 근육이 긴장되고 호흡이 가빠진다. 절정기에는 사정을 하거나 오르가슴을 느낀다. 이때 심박수는 분당 180회까지 올라가고, 호흡수도 40회까지 증가한다. 그러고 난 다음 5~10분 사이의 휴지기를 경험하면서 이전의 심박수와 호흡수로 돌아온다.

평소에 경험하기 힘든 이런 강한 긴장과 이완은 스트레스를 상당히 감소시켜 주는 역할을 한다. 웬만큼 격렬한 운동도 심박수와 호흡수를 그만큼 올리기 힘들다. 게다가 스킨십을 하고 오르가슴을 경험할 때 애착과 관련한 호르몬인 옥시토신이 분비되어 행복한 감정을 경험하는 데 도움을 준다. 내재된 몰핀인 엔돌핀도 강렬히 분출되어 더욱 기분을 좋게 해준다.

여러모로 좋은 섹스는 운동도 되고 스트레스 관리에도 도움이 되는 면이 많지만 안타깝게도 하고 싶을 때 언제든지 할 수 있는 게 아니라는 것이 문제다. 스트레스를 해소하기 위해 섹스를 하고 싶은데 그러지 못하니 괴롭기 짝이 없다. 그러면 섹스는 스트레스의 큰 원인이 된다.

제대로 쉴 곳이 없다

"결혼했으면 집에서 아내와 하면 되지 왜 돈 들여 해요?"
결혼을 하지 않은 후배가 선배에게 물었다.
"야, 아내는 가족이잖아. 가족이랑 어떻게 섹스를 하니? 근친상간이잖아."
"선배 그런 진부한 얘기 말고, 형수랑 사이가 안 좋은 거 아니에요?"
"그런 건 아닌데, 처음에는 나도 그럴 줄 알았지. 그런데 결혼하고 몇 년 지나서 애 낳고 살다 보니까 부부관계도 쉽지 않아. 너도 나중에 겪어보면 알아."
"뭘 겪어보면 안다는 거예요?"
"애가 무섭다고 같이 자자고 하면 자는 거 기다리다 지쳐서 아침 되는 일도 있고, 어쩌다 일찍 자는 날에도 아이 깰까 봐 신경 쓰여서 그렇고⋯⋯. 야, 그냥 상황이 어려워. 그거 운대가 맞을 때까지 기다리다 보면 점점 더 소원해져."

많은 유부남들이 호소하는 어려움이다. 자연스러운 부부관계를 유지하는 것은 이제 쉬운 일이 아니다. 싱글도 어렵기는 매한가지다. 결혼 못 해서 어쩔 수 없는 것 아니냐고? 어쩌다 누구를 만나게 된다고 치자. 진도가 나가도 원하는 곳까지 가야 할 길은 너무 멀고 복잡하다. 안정적 연인 관계가 된다고 해도 일상적으로 언제든지 섹스가 가능한 관계로 발전하기를 바라는 것은 로또가 당첨되기를 바라는 것이나 같다.

섹스라는 것은 친밀한 관계 속의 자연스러운 결과물만으로 보기 힘들다. 관계를 맺어가는 과정을 부담스러워하고 힘들어하는 경향이 강해질수록 돈으로 결과물만 사고 싶은 욕구 또한 강해진다.

초등학교 시절 곤충채집이라는 방학 숙제가 있었다. 이때 방학 내내 산과 들을 헤매면서 나비와 매미를 잡는 친구와 개학날 학교 앞 문방구에서 돈을 주고 사고 대신 방학 시간에 과외를 하는 친구의 선택의 차이와 같다. 요즘 같은 분위기에서는 어느 쪽을 선호하는지 손을 들어보라고 얘기할 필요도 없는 일이다. 돈으로 진도와 시간, 그리고 노력을 대체하는 것이다.

관계의 미묘함과 애매모호함을 견뎌낸 후에 찰나적 쾌락을 얻는다는 것은 오랫동안 쾌락을 지연시킬 것을 요구한다. 앞서 말했듯 프로이트는 인간의 성숙은 즉각적 만족을 원하는 동물적인 욕구를 최대한 지연시키고 참는 능력, 그 결과 더욱 큰 만족이 온다는 것을 깨닫는 것에 있다고 했다. 잘 참는 사람이 성공한다. 이는 프로이트만의 얘기는 아니다.

1960년대 스탠퍼드 대학의 심리학자 마이클 미셸(Michael Mischel)은 배고픈 상태의 네 살짜리 아이들을 모아놓고 이렇게 얘기했다.

"여기에 마시멜로가 있어. 하나를 먹을 수 있어. 내가 나갔다가 돌아올 때까지 너희가 참을 수 있으면 두 개의 마시멜로를 먹을 자격을 줄게."

연구자는 나갔다가 15~20분이 지난 뒤 돌아왔다. 아이들 중 3분의 1이 연구자가 나가자마자 하나의 마시멜로를 집어든 반면 나머지 3분의 2는 연구자가 돌아올 때까지 잘 참고 기다렸다. 연구자는 십수 년 후 이 아이들이 고등학교를 졸업했을 때 다시 만났다. 그런데 과거 실험에서 마시멜로 하나를 먹은 아이들에 비해 잘 참고 기다렸던 아이들은 학업성적이 우수하고, 긍정적인 태도를 가졌으며, 어려움이 닥쳤을 때 잘 대처했고, 목적달성을 위해 끝까지 참고 견디는 능력을 가지고 있었다. 한마디로 성공한 사람들의 주요한 덕목을 상대적으로 잘 갖추고 있었던 것이다. 이 실험을 '마시멜로 검사'라고 한다.

마시멜로 검사는 어린 시기에 보이는 즉각적 만족을 참을 줄 아는 능력이 이후에 일어날 본질적인 인간의 성숙과 성공 가능성을 측정하는 주요한 바로미터가 될 수 있다는 것을 알려줬다. 고작 마시멜로 하나를 미리 먹고 말고의 문제였는데 의외로 인생은 크게 달라질 수 있다는 것이다.

살다 보면 마시멜로를 먹지 않고 참는 것 이상의 달콤함으로 참을성의 수비벽을 공략하는 일들이 부지기수다. 게다가 현대사회의 속도감과 스트레스의 강도는 점점 오래 기다릴 수 없게 만든다. 애매모호함을 견디는 데에는 너무 많은 에너지가 소모되고 이를 이겨내기에는 평상시 스트레스가 너무 높다. 게다가 '돈'을 주면 해결할 수 있는 손쉬운 길이 여기저기 널려 있으니 왜 멀고 험한 길을 택하겠는가. 바로 여기에 수많은 유사 성매매 업소가 창궐할 수 있는 토양이 있다. 돈으로 예측가능성을 살 수 있다는 것은 매력적인 유혹이다. 비록 그 안에 '사랑'은 빠져 있지만 일단 욕구는 일시적이나마 해결되니 말이다.

부정과 불륜의 위험한 줄타기

여성들은 자신의 분신이자 자아의 확장체인 가정이 파괴되는 것을 견디기 어려워한다. 또 배우자가 불륜을 저질러 불타는 사랑에 빠지고는 어느 날 갑자기 아침식사 자리에서 "진정한 사랑을 만났어. 미안해"라면서 홀연히 떠날까봐 두려워한다. 그렇다고 남성들이 원하는 만큼 성적인 만족을 주고 싶지도 않고 그러기에는 인생이 너무 피곤하다. 현실적인 자아가 작동하는 사람이라면 비극을 피하기 위해 적당한 타협점을 찾는다. 최악의 상황을 모면하기 위해 차선책을 선택하는 것이다.

정을 주지 않는다는 조건이라면 돈을 주고 몸을 사거나 배설을 하고 오는 것은 허용하겠다는 결론을 내릴 수 있다. 물론 그런 말을 대놓고 하는 사람은 없지만 무의식적으로는 그 정도 선에서 관계를 유지할 수 있다면 받아들이겠다는 암묵적인 동의를 할 마지노선을 그을 수 있다는 것이다.

"사랑 때문에 사나요, 정으로 사는 것이지요."

배우자가 불륜에 빠지면 맞바람으로 맞불을 놓는 사람이 아닌 이상 대부분 심한 우울증을 겪는다. 그의 마음이 떠나서 슬퍼하는 것이 아니라 자신이 상대를 잘못 선택했다는 자존심에 입은 상처 때문에 아파하는 것이다. 인간은 어떻게든 아프지 않으려 애를 쓰는 존재다. 비록 그 방법이 뒤틀려 있거나 정도에 어긋난 것이라 하더라도 일단 아프지 않을 수만 있다면 그 방법을 선택하는 데 주저하지 않는다. 의존성이 생긴 것을 알면서도 중독성 진통제를 자꾸 찾게 되는 심리와 같다.

사랑을 정으로 치환해서 인식하는 것도 비슷한 메커니즘이다. 두 사람의 이성애적 관계를 오래된 이성 관계로 바라보지 않고 가족간의 정의 관점에서 바라볼 때 이성애에서는 용납할 수 없는 많은 것들이 용인되고 용서될 수 있는 논리적 탈출구가 생긴다. 그래서 사람들은 '그놈의 정 때문에' 인연을 끊지 않을 수 있고, 관계를 단절해 이혼해서 생길 경제적, 심리적 타격이라는 본질적 자아 손상의 위험을 미연에 방어할 수 있는 것이다.

바로 그런 남성과 여성의 상호 이해관계의 결과물이 비무장지대로 작용하는 기기묘묘한 성매매 업소들과 최근 여성들을 위해 등장한 '호스트바'나 '아빠방'인 것이다.

사람들은 어찌 되었든 당장 만족을 원하고 아픔을 싫어한다. 어떻게든 욕망이 충족되는 방향이 있으면 그런 상태로 균형을 이루면서 큰 판은 깨지 않는 차선을 선택한다. 손해 막심인 파국을 원치 않으니 말이다.

배우자가 요즘 들어 데면데면한 기분이 든다고, '정'만으로 사는 듯,

아이 때문에 사는 듯한 기분이라고, 권태기라고 미리 단정 짓거나 양 단간에 결판을 내리려 하는 것은 위험한 일이다. 홍신소를 이용해 뒷 조사를 하는 것도 성급하다. 남편들이, 아내들이 최선이 아닌 차선책 을 찾는 것은 권태기라는 것을 의식적으로 인정하지 않으려는 자존심 과 두 사람 사이의 명확하지 않은 만성적 갈등을 해결할 수 없다는 체 념이 버무려진 상태에서, 그래도 두 사람의 근본적 관계인 가족이라는 틀은 유지하고 싶기 때문이다.

발정기가 따로 없는 유일한 포유류의 불쌍한 동물적 욕망은 주기적 으로 용출점이 올라온다. 그러나 손뼉은 한쪽 손만으로는 칠 수 없다. 일부일처혼(Monogamy)의 룰을 부정하고 달려나가려는 본능의 질주 에 이성은 고삐를 당긴다. 대략 여기쯤이 타협의 꼭짓점인 것 같다. 완 벽한 상호신뢰가 구현되는 티끌 하나 없는 관계는 환상으로만 간직하 는 것이 안전할 듯하다. 현실은 동물적 본능과 즉각적 만족의 욕망에 흔들거리는 불완전한 공간이다.

4장

관계의 소용돌이

노래방에서
부르는 노래는
따로 있다?

사회적 정체성의 규정

나는 노래방 가는 것을 그리 즐기지 않는다. 특히 회식을 끝낸 뒤에는 더욱 사양하고 싶다. 원래부터 그랬던 것은 아니다. 인턴이나 전공의 시절에는 무척 즐기는 여흥이었다. 그런데 어느 순간부터 작은 공간 안에 갇혀서 남의 노래를 듣는 것이 싫어졌다.

"교수님 노래하셔야죠."

학생들이 두꺼운 노래책을 내게 안기며 빨리 한 곡 찍어 부르라는 압력을 넣는다.

'알아 알아, 교수들이 돌아가면서 한 곡씩 빨리 해줘야 젊은 친구들이 홀가분하게 놀 수 있다 이거지. 나도 젊어, 너무 그러지 마.'

한편으로는 이렇게 생각하면서 다른 한편으로는 뭘 불러야 할지 고민한다. 처음에는 호기 있게 책의 맨 뒤편의 신곡 코너를 먼저 보지만…… 아는 노래가 없다. 들어본 곡과 부를 수 있는 곡의 간극은, 택시는 타고 다녀서 길만 잘 아는 장롱면허 소지자가 갑작스레 운전대를 잡는 것만큼 크다. 결국 다섯 자리 수 선곡은 포기하고 세 자리로 내려와 안전운전을 선택한다.

"913번 눌러주세요."

인턴 때부터 부르기 시작해서 벌써 백 번은 불러봤을 노래다. 잠시 내 노래를 감상하는 듯해 보이던 젊은 친구들은 노래가 끝나기 무섭게 자기네들끼리 즐기기 시작한다. 나는 뒤로 물러나 구석에 처박혀 맥주를 들이켠다. 카운터로 가서 텔레비전이나 보고 싶지만 이 시간을 함께해야 한다는 당위감이 내 엉덩이를 노래방 의자에 붙이는 접착제가 된다.

도대체 언제부터 우리는 회식만 하고 나면 노래방에 가서 목이 쉬도록 노래를 불러줘야 '좀 놀았다'라는 인식을 갖게 되었을까? 왜 노래를 부르는 곳은 '방'이어야 할까? PC방, 머리방, 비디오방 같은 '방' 문화의 선구자인 노래방에서의 심리학은 무엇일까?

자아도취, 자기만족, 자기애의 '방'

외국의 가라오케는 넓은 홀에 서로 모르는 손님들이 모여 있다가 한 테이블에 한 사람씩 돌아가면서 나와서 노래를 부르고, 모르는 이의 노래를 같이 즐기는 형식이다(영화 〈내 남자친구의 결혼식〉에서 여주인공이 노래를 부르던 가라오케를 연상하시라). 이에 반해 한국의 노래방은 철저히 '방' 문화다. 규격이 다른 방이 여러 개 있고 그 안에 들어가서 자기들만의 시간을 갖는다. 넓은 홀에 여러 집단이 적당히 거리를 두고 보이지 않는 경계를 지키는 서양과 달리 방을 경계로 '우리'와 '우리가 아님'을 분명히 가른다.

서로 보이는 공간에 노출되어 있을 때는 적당한 수준의 긴장을 유지해야 한다. 그러나 방 안에 우리들끼리만 있다면 그럴 필요가 없다. 우리끼리만 용인한다면 무엇을 해도 상관없고 철저히 망가질 수도 있다. 웃통을 벗고 가발을 쓰고 넥타이를 머리에 매고 목청껏 소리를 질러도 된다. 그냥 잘 아는 우리끼리 즐기는 것이니까. 노래방 안에서 사람들은 우리끼리니까 괜찮다는 상호 용인 속에 철저히 퇴행(regression)한다.

노래방은 평소 회의나 강의실에서 상사나 강사가 발표를 시킬까 봐 무서워서 쉬지 않고 상대의 눈길을 기술적으로 피하는 사람들이 더욱 편안해하는 곳이다. 그래서 종종 노래방을 갔다 나온 다음에 '어, 저 친구에게 저런 면이 있었나?'라며 놀라는 일이 생긴다. 평소와 다른 모습을 마음 놓고 발산할 수 있는 멍석이 깔리는 곳이 노래방이기 때문이다.

또한 동료들 앞에서 마이크를 잡고 자신 있게 노래를 부를 수 있는 용기는 그만큼 안전한 공간이라는 확신이 있기에 가능하다. 눈을 지그시 감고 노래를 부르는 순간만큼은 비루한 현실의 내가 아닐 수 있다. 노래가 흐르는 몇 분 동안은 나도 김현식이고 서태지다. 안전한 환상의 공간이다. 순서대로 돌아가는 방식이기에 같은 방에 있는 사람들은 자기 차례가 올 것을 이미 알고 있고 그래서 앞에 나와서 노래를 부르는 이의 자아도취를 참고 견딜 수 있다. 평등성이 보장되기에 상호이

타주의가 작동하는 것이다.

노래를 부르는 것은 자기애의 표현이다. 자기애는 자아이상을 실현하려는 욕구라고도 할 수 있다. 자신을 소중히 여기고 사랑하는 것은 지나치지 않는 한 정신건강을 위해 매우 바람직한 자산이 된다. 자기애가 튼튼한 사람은 어떤 일을 해나갈 때 비판을 듣더라도 자신의 원래 계획대로 밀고 나갈 수 있다. 자신이 하는 일에 확신이 있기 때문이다. 자신의 판단에 대한 믿음을 바탕으로 타인의 비판을 도움이 되는 방향으로 전향적으로 받아들일 도량을 갖는다.

그러나 많은 사람들은 이런 수준의 건강한 자기애를 유지하지 못한다. 대부분의 사람들은 "그것밖에 못해"라는 말을 들으면 '너나 잘해'라는 반감이 먼저 든다. 이는 자기애를 보호하려는 방어의 일환이다. 그러나 반복해서 비판을 듣고 나쁜 평가를 받게 되면 '너나 잘해', '네 똥 굵어'라는 외침만으로는 자기애를 보호할 수 없게 된다. 내상은 깊어가고 정말 자신을 무능한 사람이라 여기게 되고 작고 하찮은 존재로 자각하게 된다.

도시에 사는 직장인 중 '난 너무 잘났어. 너무 소중해. 하는 일마다 잘 풀리네'라는 마음을 품고 사는 사람이 몇이나 될까? 항상 상사와 눈이 마주치면 '혼이 나지 않을까', '뭔가 빼먹은 게 있어서 나중에 큰일 나지 않을까' 하는 경계와 불안감이 먼저 엄습한다. '뭘 칭찬하려고 하실까' 하는 상상을 하는 사람은 거의 없을 것이다. 그런 사람이 있다면 대부분 왕자병이나 공주병으로 불리거나 사차원 인간이라는 평을 들을 것이다.

노래방은 이렇게 땅으로 떨어진 나의 자존심을 잠시나마 공중부양

시켜 주는 자리다. 동료 앞에서 감정을 잡아 혼신의 힘을 다해 노래를 부를 때 사람들이 환호를 보내주고 박자에 맞춰 탬버린을 쳐주면 낮에 바람 빠진 타이어처럼 축 처져 있던 자존심이 조금은 탄력이 붙으며 부풀어오른다. 노래방 안의 자아도취는 쭈그러든 마음에 뿌리는 피로 회복제와 같다.

하고 싶은 것과 해야 하는 것의 간극

그러나 자아도취만으로 설명하기에는 노래방 안의 역동적 관계가 간단하지 않다. 모든 사람이 자기가 부르고 싶은 것만 부르는 노래방은 솔직히 지겹기 짝이 없다. 노래방에서도 사회의 서열과 역학관계는 쉬지 않고 작동한다. 얼마 전에 모 신문사의 고참기자가 이런 말을 했다.

"대학생 인턴들이 들어와서 환영회식을 했는데, 내가 노래를 부르니까 다들 나와서 탬버린을 치고 뒤에서 춤을 추더라고요. 그걸 보고 아, 내가 나이를 솔찬히(상당히) 먹었구나, 했다니까요."

노래방 안에서도 조직의 의례성이 분명히 존재한다. 노래방에 들어가면 먼저 젊은 친구들 중에 한두 명이 발랄하게 노래를 한다. 그리고 서너 명 정도 노래를 좋아하는 사람들이 자발적으로 하고 나면 약간 눈치를 살피던 사람들이 일순 각자 노래책을 열심히 뒤적이며 자기가 부르고 싶은 노래를 골라 기계에 번호를 찍어넣기 시작한다. 이때 눈치가 있는 사람이 있다면 너무 많은 대기곡이 생기기 전에 가장 상석에 있는 사람에게 노래책을 들고 가 고르게 하고 번호를 찍어주는 센스를 발휘한다. 그 사람이 지루해하거나 불쾌해하면 전체 분위기가 썰렁해질 것이라는 것을 알기에 의무방어전을 주선한 것이다.

이때 진풍경이 벌어진다. 노래책에 코를 박고 있던 사람들이 이때만큼은 탬버린을 들고 그의 뒤에 서서 박자를 맞추거나 리듬을 타며 춤을 추거나, 어깨동무를 하며 그의 노래를 함께한다. 〈내 마음을 샌프란시스코에 남기고 떠나요(*I Left My Heart in San Francisco*)〉, 〈마이웨이(*My Way*)〉 같은 점잖은 곡을 부른다고 해도 맨 윗사람이 나와서 노래를 할 때에는 단 한 명의 열외 없이 자리를 박차고 일어난다. 혹은 노래를 조용히 따라부르며 열창하는 상사를 지긋이 쳐다본다. 윗사람도 일단은 감정에 충만해서 노래를 하지만 사이사이 실눈을 뜨고 누가 자리에 앉아 있는지 마음속의 메모장에 다 적고 있다.

노래방은 사회의 축소판이다. 일단 윗사람들이 소외당하지 않고 한 곡씩은 부른 다음에야 숨통 틔운 놀이문화의 시간이 주어진다. 그런데 이 순간에도 여전히 남는 문제가 있다. 바로 자신이 부르고 싶은 노래와 불러야 하는 노래 사이의 딜레마다.

부르고 싶은 노래를 완전몰입하여 부르는 것은 쪼그라든 자기애에 펌프질을 하는 보약이다. 그러나 노래방 안에 있는 시간도 사회생활의 연장인지라 오직 자기만을 위한 자아도취의 시간을 보내는 것은 자칫 위험한 일이 될 수 있다. 이상한 놈이라는 평가를 받을 수도 있고, 자기도취에 빠져서 분위기를 썰렁하게 하는 사람이라는 눈총을 받을 수 있다. 그렇기에 별로 좋아하는 것도 아니고 부르고 싶은 노래도 아니지만 이 시점에 분위기를 띄울 노래, 혹은 전에 한 번 불렀다가 열화와 같은 반응을 받은 적 있어서 사람들이 기대를 하는 노래, 퍼포먼스가 가능한 노래와 같이 '불러야 할 노래'를 선택해야 한다는 의무감이 엄습한다.

개인의 취향이 어떻게 사회적응에 성공하는가

정신분석학자인 에릭 에릭슨(Erik Erikson)은 청년기를 개인적 정체성에 사회적 정체성(social identity)이 통합되면서 본격적으로 개인의 온전한 정체성이 형성되는 시기라고 정의하였다. 청소년기까지는 가정에서 자식과 형제로서 해야 할 일을 하면서 '나는 누구이고, 어디로 가고 있는지' 감을 잡는 개인적 정체성이 한 사람의 정체성의 중심을 구성한다. 그러나 20대 이후 본격적으로 사회생활을 시작하면서 '사회적 관계 안의 나'라는 사회적 정체성을 가꾸어나가기 시작한다.

두 가지 정체성은 때로 한 시점에 서로 다른 요구를 하며 갈등을 야기한다. '나로서의 나'가 중요한 개인적 정체성의 관점에서는 '내가 하고 싶은 것'이 무엇보다 우선이다. 그에 비해 '사회 속의 나'가 중요한 사회적 정체성의 관점에서는 '내가 해야 할 것', '내게 요구되는 것'이 우선순위에 오른다. 그 둘 사이의 딜레마가 사실 청년기 고민의 대부분을 구성한다.

아프다는 핑계로 무단결근을 하고 공연을 보러 가고 싶은 욕구와 오늘까지 제출해야 할 기획서 마감의 의무 사이에서 무엇을 선택할 것인가의 문제도 바로 이런 딜레마의 예라고 할 수 있다. 어느 정도 지나고 나면 둘은 적당한 균형을 잡고 각기 적절한 상황에 따라 어떨 때에는 개인 정체성이 앞에 서기도 하고 뒤로 빠지기도 한다. 그런데 이 둘을 균형 있게 통제하지 못하거나 갈등과 고민만 하다가 매번 잘못된 선택을 하고 후회를 반복하는 사람들도 있다. 이런 사람들은 사회생활에 잘 적응하지 못하고 주변을 빙빙 돌거나, 직장을 다니기는 하지만 언제나 만족스럽지 못해 얼굴을 찌푸리고 다닌다. 또한 열심히 한다는 말은 듣지만 좋은 평가는 못 받기 일쑤다.

노래방에서도 마찬가지다. 부르고 싶은 노래를 부르는 것은 개인적 정체성의 만족에, 불러야 하는 노래를 고르는 것은 사회적 정체성의 요구에 부응하는 것이다. 개인의 감정에 충실해서 옛사랑을 추억하는 노래를 부를 것인지, 혹은 다들 신이 나서 춤을 추고 있으니 따라서 함께 부르기 좋은 댄스곡을 고를 것인지의 딜레마는 조금만 들여다보면 이런 정체성의 충돌이라는 꽤 거대한 담론의 구체적이고 쩨쩨한 표현형이다.

이렇듯이 도시의 노래방은 마음의 관점에서 봐도 다양한 기능을 갖는다. 안전하고 배타적인 공간을 제공하여 '우리끼리는 괜찮다'는 편안한 퇴행을 보장하며 자기애의 손상을 복구하는 원론적인 기능도 하는 한편, 결국 낮 시간의 사회생활이 연장되고 있다는 것을 확인하는 과정이며, 이 안에서 사람들은 개인적 정체성과 사회적 정체성 중 하나를 선택할 것을 요구받는다. 목이 쉬도록 노래를 부르고 나오는 두 시간 남짓의 시간에 이렇게 복잡다단한 일들이 우리의 마음 안에서는 벌어지고 있는 것이다.

작은 방 안에 한꺼번에 들어간 사람들은 '친밀해지기'를 강요받는다. 그리고 그 안에서 땀을 한바탕 흘리고 목이 쉬고 나면 그날 밤만은 '왠지 친해진 것 같다'는 찰나적 착각을 할 수 있다. 회식이나 만남의 목적에 노래방이 화룡점정이 되는 것이다. 이렇게라도 친밀해져야 할 만큼 사람들이 평소에 친하지 않다는 말인가? 아니면 그만큼 자주 확인을 해줘야 할 만큼 서로를 신뢰하지 않는다는 것일까?

그들의 신뢰를 잃지 않기 위해 나도 이제는 열심히 불러야겠다. 너무 어려운 사람, 냉소적인 사람으로 보이지 않으려면 조금은 의도적으로 노력을 해야 할 것 같다. 새로 나온 노래 중에 귀에 쏙 박이는 노래가 있으면 MP3로라도 들으면서 흥얼거리는 연습을 해놓으련다. 십수 년 전에 불렀던 김건모, 서태지, 김종서를 떠나 새로운 곡을 부를 수 있도록 말이다. 다음 회식 때에는 자신 있게 노래책 맨 뒷장을 열고 이 달의 신곡 칸에서 번호를 골라, 호기 있게 한번 불러볼 수 있을까. 리듬과 멜로디가 엉켜 난파하기 전에 누군가 구원해 주리라는 인간에 대한 기본적 신뢰를 갖고 말이다.

"떼인 돈
찾아드립니다"

복수의 심리학

급전이 필요해서 발을 동동 구르는 것과 빌려준 돈을 받지 못해 애를 태우는 것 중 어느 쪽이 더 괴로울까? 양쪽 다 괴롭기는 매한가지지만 그동안 돈 문제로 우울, 불면, 불안 증상 등이 생겨 내게 상담을 온 사람들을 얼추 헤아려보면 꼭 필요한 돈을 구하지 못해 마음고생을 하는 쪽이 숫자로는 더 많다. 하지만 고통의 깊이와 밀도는 빌려준 돈 못 받은 쪽이 더 강한 것 같다. 양과 질의 차이라고나 할까.

돈이 없어서 느끼는 괴로움은 일상의 극단적 연장이다. 풍족하게 자란 사람 몇을 제외하고는 누구나 항상 모자라게 느끼는 것이 재물이기 때문이다. 그러나 돈을 떼인 것은 성질이 다르다. 돈을 빌리는 경우에는 한쪽에서 못 빌리면 다른 사람을 찾아가면 되지만 떼인 돈 받는 것은 빌려준 사람에게서만 받을 수 있다. 그러니 대안이 없는 외통수가 되기 쉽다. 이런 경험은 흔히 겪는 일이 아니고 미리 예상해서 대비할 수 있는 일도 아니기 때문에 내성이 생길 겨를도 없다. 그야말로 '생짜' 아픔이다.

빌린 사람과 빌려준 사람

급전이 필요하다는 친구나 투자를 하라는 지인에게 돈을 빌려줬다가 차일피일, 감감무소식, 연락두절로 속병을 앓은 적이 있기에, 나도 피해자의 말을 유심히 듣게 된다. 피해자들이 겪은 상황은 공통적으로 이런 식이다.

"정말 죽이는 투자처가 있는데, 몇 달 안에 두 배가 됩니다. 형님까지만 투자를 받고 이번 라운드는 끝이에요."

또는 아주 간절한 소리로 하소연을 하며 바짓가랑이를 붙잡는다.

"야, 너랑 나랑 알고 지낸 게 몇 년째냐? 제발 이번 한 번만 융통해다오. 너도 형편 어려운 것 알지만 말이야. 나도 잘나갈 때 너 도와줬잖아. 기억 안 나? 돈이 돌다가 딱 멈춰버린 걸 어떡하냐? 딱 한 달만. 사채 이자 쳐줄게."

일확천금의 대박 꿈에 휩싸여, 혹은 그놈의 정 때문에 힘들게 돈을 빌려주거나 투자를 한다.

문제는 여기서부터 생긴다. 돈이 입금되는 순간 칼자루를 쥔 사람이 뒤바뀌는 것이다. 뒷간 들어갈 때와 나올 때 심정이 다르다는 말이 딱 여기에 들어맞는다. 투자했다는 곳은 이익이 나지 않고, 빌려간 사람은 죽게 생겼다며 차일피일 미루고 시간이 지나면서 전화도 받지 않는 것 같고, 찾아가도 만나기가 쉽지 않다. 들리는 소문은 갈수록 흉흉하다. 애간장이 녹는다는 말을 실감하게 된다. 돈이 원래 많던 사람이라도 속 타는 심정은 마찬가지다.

꽤 괜찮은 빌딩에 세를 줘서 생활을 하는 아주머니가 잠이 안 온다고 병원을 찾아왔다. 위치가 좋아서 세입자가 끊긴 적이 없는데 최근 들어 경기가 나쁘다 보니 세들겠다는 사람은 줄고, 있던 세입자들까지 말썽을 부린다는 것이다.

"PC방으로 빌려준 자리는 6개월 넘게 세를 못 내고, 보증금은 예전에 다 까먹었지요."

"나가라고 하시지요."

"예전에 그랬지요. 그런데 찾아가보면 매일 아르바이트 학생만 앉아 있고 답답해요. 게다가 1층 식당이 나가겠다고 계약해지를 한 것도 미치겠어요. 보증금 돌려줘야 하는데, 동생이 급전이 필요하다고 해서 빌려준 거고 애도 힘들기는 마찬가지라⋯⋯."

"그래서요?"

"형제라도 돈 문제는 무섭더만요. 없는데 어쩌냐는 거예요. 내가 보기에 돈이 없어 보이지는 않는데 누나 돈이라고 만만하게 보는지⋯⋯. 내가 융자를 받아야 하는 것인지. 그 걱정에 잠은 안 오고, 하루 종일 가슴만 벌렁거려요."

이 환자의 하소연을 듣고 퇴근하던 어느 날, 플래카드 하나가 눈에 들어왔다.

'떼인 돈 찾아드립니다 ○○○-○○○○-○○○○'

도대체 어떤 방식으로 찾아준다는 것인지 갑자기 몹시 궁금해졌다. 생각해 보니 이런 플래카드를 여기저기서 많이 본 것 같다. 어떤 곳은 '허가된 업체'라며 안심시켜 주는 문구도 있었다. 사람 화병 걸리게 할 정도로 힘든 떼인 돈 받는 일을 한 번에 해결해 준다는, 우울증 치료제열 알보다도 명쾌한 플래카드 한 장. 전화를 걸어보고 싶은 욕망을 애써 잠재우며 이런저런 생각을 하게 되었다. 그래, 시작은 억울함이 아니라 복수다.

복수의 환상

실연을 하면 가슴 아픈 이유는 떠난 사람을 애타게 그리워하기 때문이 아니다. 잘못된 선택을 한 자신에게 화가 나고, 자존심이 상해서다. 돈을 떼일 처지에 놓여도 그렇다. 돈 빌릴 곳이 없어서 전전긍긍할 때에는 자신의 무능을 탓하기만 하면 되었다. 처지가 바뀌어서 돈을 빌려주고 떼일 위험이 현실로 다가오면 이때 마음은 '내가 너를 믿었는데 어떻게 그럴 수 있어?'라는 믿음을 배반한 상대에 대한 실망부터 싹튼다.

타인에 대한 믿음은 더 근본적으로는 자기신뢰(self-trust)로부터 시작한다. 뭔가를 남에게 빌려줄 때에는 자기 선택에 대한 믿음이 있어야 하고 이를 위해서는 우선적으로 자기확신감(self-confidence)이 형성돼 있어야 한다. 타인을 충분히 알고 있다는 믿음은 자기 자신을 아는 정도에 비례하기 때문에 배신과 사기를 당했을 때의 아픔은 더욱 크다. 금전적 손해보다, 믿었던 사람을 잃었다는 상실감보다, 더 결정적인 통증의 원인은 고이 모셔온 자존심에 금이 가는 것이다. 화가 난 이유는 남이 아닌 나에게 있는 것이다.

자존심에 입은 상처는 곧바로 '복수'에 대한 환상으로 이어진다. 그것만이 '쩍' 하고 갈라진 자존심을 치유해 줄 수 있을 것 같다. 환상은 현실의 아픔과 좌절로 패인 마음의 생채기에 바르는 마술의 반창고다. 그러나 이 마술 반창고는 상처를 덜 아프게 하고, 눈에 보이지 않게 해주지만 아쉽게도 근본적 치료는 해주지 못한다. 이것이 환상의 한계다.

복수는 인간이 어떤 이유로든 좌절을 당할 때 경험하는 가장 흔한 무의식의 반응이다. 무의식에 기반하였기에 다양한 형태의 무의식적 충동이 환상의 형태로 나타난다. '떼인 돈 찾아드립니다'란 플래카드는 애써 잊고 지내며 그동안 억압해 온 대인관계에서 발생한 실망과 배신의 좌절감을 복수라는 환상의 형태로 되살려낸다.

도망 다니는 그 사람을 잡아서 손발을 묶고 돈을 토해 내라고 손톱을 하나하나 뽑으며 고문을 할까, 끝까지 돈이 없다고 하면 가족의 사진을 보여주며 협박을 할까, 숨겨놓은 돈을 찾아내서 다른 피해자들의 돈까지 모두 갚아주고 그를 새우잡이 배에 팔아버릴까, 아니면 경찰에 알려서 쇠고랑을 차는 장면이 텔레비전에 방영되게 할까……. 기기묘묘한 복수의 환상을 의식 표면으로 올라오게 하는 내면에는 인간의 무의식이 존재한다.

플래카드를 보기 전까지 이 좌절감은 '자기에 대한 공격'으로 내재화되고 있었다. '그런 선택을 한 내가 바보지', '나는 역시 무능한 놈이야'라는 식의 좌절을 합리화하는 자학적인 투덜거림과 기를 꺾는 자조적 목소리는 그렇지 않아도 상처받은 자존심을 산산조각 내버렸다. 그런데 바로 그 플래카드의 문구를 보는 순간 일거에 벡터 값은 180도 방향 전환을 할 수 있다. 복수를 꿈꿀 수 있을 뿐 아니라 전화 한 통이면 복수가 현실로 전환될 가능성이 열리는 것이다.

이전까지 마음속에 품었던 시민적 죄의식을 '똥이 무서워서 피하냐, 더러워서 피하지'라는 합리화용 속담에 의거하여 강력히 억제해 왔지만 이제 떼인 돈을 받아 손해를 만회하는 것은 더 이상 일차적 목표가 아니다. 복수를 통해 '상처 난 자존심을 회복하는 것'이 눈앞에 가능해진 것이다.

사람들은 복수의 충동을 현실화하지 못한다. 오랫동안 학습해 온 '아무리 그래도 나는 착한 사람이어야지'라는 초자아의 억제능력 덕분이다. 그런데 어차피 떼이고 말았을 돈의 3할 정도를 포기하면 알아서 문제를 해결해 줄 사람이 생긴다는 것은 도덕주의적인 초자아마저도 고개를 끄덕이며 타협할 만한 상황이다. 거기다 "모든 과정은 합법적입니다"라는 문구까지 곁들여져 있으니 휴대전화 버튼을 누르고 싶어서 주머니 속의 손가락이 근질거리지 않을 수 없다.

잘 속는 사람일수록 자존심이 강하다

정신분석가들이 사기 사건의 피해자들을 연구한 후 흥미로운 사실을 발견했다. 사기 피해자는 대개 어리숙한 사람일 줄 알았는데 사실은 그렇지 않았다는 것이다. 도리어 자신만만하고 '나는 절대 사기 같은 건 당하지 않아'라고 생각하는 사람들이 사기꾼의 표적이 된다는 것이다.

교육도 많이 받고 합리적 사고방식과 확고한 삶의 철학을 가진 이들이 오히려 더 사기를 당하고 돈을 떼이는 이유는 '나는 이 상황을 충분히 잘 장악하고 있다'고 믿기 때문이다. 사기를 당할 시기에는 성공할 수밖에 없다는 확신을 갖게 하는 다양한 요소가 주변에 있다. 물론 사기를 치는 사람의 테크닉이다. 처음에는 의심도 많이 하고 깐깐하게 굴던 사람도 마음속으로 설정한 어떤 역치를 넘으면 이 상황을 장악했다는 믿음이 생긴다. 나중에 돌이켜보면 상식적이지 못한 요소까지도 당시에는 맞는 말로 받아들여 주변의 충고를 무시해 버리고 결국 피해자가 되어버린다. 그래서 이들이 겪게 되는 자존심의 상처는 더욱 크다.

이런 사람들은 공권력에도 쉽사리 의존하지 못한다. 공권력에 신고하여 자존심에 확실히 금이 가고 주변에 알려지느니 손해를 감수하는 것이 낫다고 여기기 때문이다. 그래서 사기범이 잡힌 다음에 그가 밝힌 피해자에게 연락을 해도 '난 그런 사람 모른다'고 잡아떼며 피해 사실 자체를 부인하는 사람들이 생긴다. 이렇게 잘난 사람들일수록 공권력이 아닌 '떼인 돈 찾아드립니다'라고 공언하는 어둠의 실력자에게 의존하기 쉬운 법이다.

환상적인 복수를 하다

상처 치유의 방법 중 하나로 용서가 있다. 정신분석학적으로 볼 때 용서는 유용한 협상 전략 중 하나다. 개인 혹은 사회가 용서를 한다는 것은 분노와 복수의 다른 표현이라는 맥락에서 이해할 필요가 있다. 용서라는 행위를 하는 순간 피해자는 무의식적으로 가해자와 위치 변경을 할 수 있게 되는 동시에 자신의 분노를 가해자에게 세련되게 전가할 기회를 갖는다.

그런 의미에서 용서는 환상 혹은 현실에서 무의식적으로 이행되는 건강한 복수의 일환이라고도 할 수 있다. 이를 통해 피해자의 자아는 위축된 채 화를 내는 아이의 모습에서 진일보하여 능동적으로 이 상황을 장악할 수 있다. 피해자는 용서를 일방적으로 선언함으로써 자신의 가학적인 자세를 표현하며 가해자와 유사한 태도를 취해볼 수 있다. 이 과정에서 증오는 희석된다.

마음의 관점에서 용서는 성숙한 전략이다. 그러나 실천하기가 쉽지 않다. 종교는 속세의 인간으로서는 하기 어려운 '용서'를 주요 목표로 내세우며 '원수를 용서하라'고 말한다. 하지만 평범한 사람들에게는 잔인하고 처절한 방식으로 복수의 환상을 꿈꾸는 것이 더 쉽다.

떼인 돈을 회수하는 것은 이차적 목표다. '떼인 돈 찾아드립니다'라는 플래카드는 돈을 떼인 사람이 아니더라도 복잡한 인간관계에서 생채기가 나서 흉터가 낙인과 같이 찍힌 사람, 부당한 대우를 받았거나 불공정한 게임의 희생양이 되었다는 분노감이 부글부글 끓고 있는 사람의 환상을 자극한다. 이때 무의식은 자신만의 잔혹한 복수의 백일몽을 꾸게 해준다. 실제로 떼인 돈을 받아주는 사람들이 불법이나 폭력을 행사하는지 여부는 중요하지 않다. 거리 곳곳에서 볼 수 있는 이 플래카드는 현실의 좌절감을 복수의 백일몽으로 일시적으로나마 해소해주는 당의정 역할을 한다.

밤에 꾸는 꿈은 악몽일 수도 있다. 프로이트는 '꿈은 무의식적 소망 충족의 장'이라고 했지만 거꾸로 '강렬한 죄의식의 재판장'이 되기도 한다. 그래서 밤이 두려운 사람도 있다. 영화 〈나이트메어(*A Nightmare On Elm Street*)〉의 프레디 쿠거가 나를 쫓아오는 악몽(nightmare)이 있을 수 있으니까. 그에 반해 낮에 꾸는 꿈은 대체로 기분 좋은 꿈이다. 전의식 수준에서 적당히 의식 근처를 떠다니는 백일몽(day dreaming)은 나를 주인공으로 하는 복수극도 로맨틱 코미디로 만들 수 있다. 머리를 한 번 흔들어 곧 현실로 돌아오면 그만이다. 느낌이 오래 지속되지는 않지만 마취나 진통 효과는 분명하다.

그날 내 눈에 플래카드가 들어온 것은 낮에 만났던 환자 때문이 아니었다. 사실은 며칠 전부터 약을 올리며 나를 기분 나쁘게 하던 어떤 사람에 대한 증오심과 복수에 대한 환상이 근원이었다. 플래카드를 보면서 그를 응징할 좋은 방법을 이리저리 상상해 보던 사이, 불쑥불쑥 올라오던 분노감은 압력밥솥에서 김이 빠지듯이 자연스럽게 빠져나갔다.

작은 플래카드 덕분에 내 정신건강은 아주 조금 나아질 수 있었다. 다른 사람들도 마찬가지리라. 덕분에 도시에서 겪을 수밖에 없는 팽팽한 긴장감의 수위는 낮아질 수 있었다. '떼인 돈 찾아드립니다'라는 플래카드는 도시의 소형 공기청정기 역할을 톡톡히 하고 있다.

정(情)을
채우는
사람들

정서적 허기

대학교 1학년 때쯤이었다. 친구들이 내 생일이라는 것을 알고 동아리 방에서 즉석 파티를 열어줬다. 작은 케이크 하나 살 돈도 없던 시절이라 주섬주섬 모은 쌈짓돈으로 초코파이 몇 개를 쌓고 초 대신 담배를 꽂아 불을 붙여주었다. 생일 노래를 부르고 담뱃불을 끄는 초라한 파티였지만 친구들의 따뜻한 마음을 충분히 느낄 수 있었다. 금서로 알려졌던 사회과학 서적의 겉장을 싸고, 앞면에 친구들이 덕담 한마디씩 써서 준 것이 선물의 전부였는데 그걸 들고 다니다 그만 검문에 걸려 연행될 뻔했다. 그때 난 경찰에게 덕담을 펼쳐 보여주며, "생일 선물로 받은 책이에요. 누가 금서를 생일 선물로 줘요?"라고 우겨서 아찔한 순간을 벗어났었다. 암울하던 시기였지만 지금도 초코파이로 생일 케이크를 대신했던 그때 생각을 하면 괜히 기분이 좋아지고

마음이 따뜻해진다. 지금은 군인들 마음 안에 초코파이가 있듯이, 20년
전부터 초코파이는 정이 흐르는 곳에 함께한 것 같다.

초코파이가 열리는
나무가 있었으면 좋겠다

가지엔 초코파이가
대롱대롱 달려 있고
잎사귀를 벗기면
초코파이가 나오는
나무가 있었으면 좋겠다

나무 밑을 파면
코카콜라가 뿜어나오는
나무가 있었으면 좋겠다

나무 이름은
오리온으로 해야지
　　　　— 이병 조환구

인터넷에 돌아다니는 한 군인의 '초코파이'라는 제목의 시다. 이 시
를 읽으면 먹는 것 하나로 아웅다웅하던 군대생활이 생각난다. 꼭 군
대에 다녀온 사람이 아니라도 이 시에 공감을 표현하는 사람이 많은데

언제부터인가 초코파이 하면 사람들은 따뜻함과 사람과 사람 사이의 정(情)을 떠올리기 시작했기 때문이다.

1974년 처음 선보인 초코파이는 몇 년 전 누적판매 1조 개를 넘어선 국민과자다. 이 과자는 '정'이라는 캐치프레이즈를 과자 상자 한쪽에 커다랗게 써놓고 오랫동안 이미지를 굳혀왔다.

그런데 초코파이가 아무리 정을 부르짖는다 해도, 현실 속 삶은 정들 일보다 정떨어질 일이 많다. 미안하다는 말 한마디 없이 툭툭 건드리고 가는 사람들의 무표정 속에 느껴지는 공격성, 타인의 괴로움은 안중에 두지 않는 약육강식의 정글 같은 인간관계, 양보와 배려보다는 일단 내 배가 부르고 봐야 한다는 마음, 옳은 자가 결국 승리하리라는 소박한 기대보다 '이긴 자가 옳다'는 명제가 통용되는 곳. 이 모든 조건은 사람 사이에 살가운 '정'이 들게 하기보다는 '있었던 정도 떨어지게' 하는 것들이다.

정, 쌓기는 어렵고 허물기는 쉬운……

정은 어떤 사람과 내가 '우리'라는 울타리 안에서 응집되기 위한 도구라고 할 수 있다. 이때 정이 들기 위해서는 몇 가지 조건이 필요하다. 먼저 정을 베풀 때 티를 내서는 안 된다. '형님 먼저 아우 먼저'와 같이 도와주되 몰래 해야 그 효과는 배가 된다. 익명으로 장학금을 내는 할머니들은 우러러보지만 수백억의 기금을 출연하며 기자회견을 하는 재벌 총수는 '그거 내고 얼마를 더 가져가게?'라는 고까운 마음으로 보는 것이 정의 메커니즘이다. 또한 이유를 달거나 대가를 요구해서도 안 된다.

"오늘 밥은 내가 사니까 술은 네가 사."

"너 요즘 힘든 것 같아서 내가 빌려주는 거야, 다음 달까지 갚아."

이런 식의 말보다는,

"그냥 전화한 거야, 밥이나 한 끼 먹자고. 참 너 자장면 좋아하지?"

"내가 요즘 여윳돈이 생겨서 그런데 너 돈 필요하니? 천천히 갚아."

이런 식의 말에서 사람들은 정을 느낀다. 더욱이 아주 많은 것을 가진 사람이 조금 나눠주는 것이 아니라 자기도 피해를 보면서 위험을 감수하고 도와주는 것일 때, 도와주는 사람이 누구인지도 모를 정도로 몰래 도와줬다가 나중에 밝혀지게 되었을 때, 감동은 배가 되고 정은 그 이상으로 쌓인다. 그래서 우리는 오 헨리의 수많은 단편 중에서『크리스마스 선물』에 공감하고, 몰래 학비를 대주던 『키다리 아저씨』를 보며 주디와 자신을 동일시하는 환상을 갖고 사는 것이다.

그런데 정이 쌓이는 방식으로 인간관계를 맺는 것은 무척 비효율적이다. 양적 계측이 어렵기 때문이다. 정 쌓기의 방식으로는 내가 그 사람과 얼마나 가까워졌는지, 그 사람은 나에 대해 얼마나 고마워하는지 알 길이 없고 또 알려고 해서도 안 된다. 오직 결과를 알 수 있는 때는 상대에게 간절한 부탁을 해야 할 상황이 생겼을 때다. 이때 일어날 일을 상황별로 생각해 보면 이렇다.

1. 그가 알아서 내가 간지러운 부분을 긁어주며 모른 체 도와준다.
2. 내가 부탁한 것을 흔쾌히 들어준다. 그동안 고마웠다면서.

3. 무척 부담스러워하면서 도와주지만 만족스럽지 않다.

4. 내가 왜 너를 도와줘야 하냐는 소리를 듣는다.

1에서 4로 갈수록 그 사람과 나와의 관계가 멀다는 것을 뜻한다. 그런데 4의 상황에서 보통의 사람들은 "내가 잘못 알았군요. 오해가 있었습니다"라고 말하기보다 "어떻게 네가 나한테 그럴 수 있니? 서운하다"라는 반응을 보인다. 정이라는 대출금을 차곡차곡 상대방 통장에 넣었다가 이제 복리 이자까지 합쳐서 인출을 해보려는데 그쪽은 돈 받은 적이 없다는 반응을 보이니 말이다. 그순간 그동안 쌓았던 정은 똑 '떨어진다'.

역전의 식당 같은 관계

몇십 년 전만 해도 수백 명 정도가 작은 마을에 옹기종기 모여 살며 누구네 집에 숟가락이 몇 개 있는지 다 알고 지냈다. 그러니 어려운 처지를 외면하기도 힘들었고, 도와주면 분명히 언젠가는 대가가 돌아올 것을 알았다. 행동경제학에서 말하는 '이유 없는 이타주의'에 의한 상호의존성이 자연스럽게 확립되고 유지될 수 있었다. "우리가 남이가"라는 공동체의 원칙이 거부감 없이 통용되었던 것이다.

도시의 삶은 어떠한가? 마치 역전의 식당 같은 관계만 존재한다. 다시 올 가능성이 희박한 뜨내기들만 드나드는 역전 식당은 맛이나 서비스로 승부하려고 노력할 필요가 없다. 눈에 띄는 좋은 곳에 자리를 잡고 적당한 가격과 빠른 속도만 요건으로 갖추면 된다. 도시의 사람 관계도 그렇다. 처음 만난 사람과 하룻밤 즐기고 헤어지는 '원 나이트 스탠드'를 즐기고, 상처받기 싫어서 상대에게 차이기 전에 자신이 먼저 차는 것을 원한다.

21세기 젊은이들은 '쿨(cool)'을 삶의 신조로 삼는다. 위키피디아 백과사전은 이 단어를 "언제 어느 상황에서나 안정감과 고요함을 유지하고, 자기조절을 잃지 않으면서 독립적인 태도를 갖는 것"이라고 정의한다. 이런 삶의 태도는 살이 닿는 스킨십보다 항상 적당한 거리를 두고 독립적으로 지내는 것을 기조로 한다. 이렇게 살면 가까움에서 오는 격렬함과 불편함이 없고, 행여 헤어져도 몸에 각인된 기억이 흐릿하기 때문에 상대적으로 덜 아프기 마련이다. 그래서 요즘 젊은이들은 이런 삶을 원한다.

그렇지만 덜 아픈 대신 잃는 것도 있기 마련이다. 생각해 보라. 한 번 만나 명함을 주고받은 사람과 다시 만날 확률이 얼마나 되겠는지. 몇 달 아니 몇 년간 같이 일을 했던 사람이라도 직장을 옮기고 나면 그뿐, 관계를 이어나가는 사람은 아주 적다. 반면 살면서 대인관계를 맺어야 하는 사람의 수는 기하급수적으로 늘었다. 하지만 관계의 평균 깊이는 이에 반비례하여 얕아졌다. 그러니 이런 유혹이 생기게 된다.

'어차피 다시 볼 사람도 아닌데 그냥 내 몫만 챙기고 도망가버리면 어떨까? 이 넓은 도시에서 날 찾아내겠어?'

유혹에 빠지면 피해를 입히고 도망가는 가해자가 된다. 하지만 가해자도 언젠가는 피해자가 될 수 있는 법. 이러다 보니 거리를 두고 경계하는 것에 갈수록 익숙해지고 진짜 '정'을 쌓아가며 인간관계를 만들

214

어갈 기회는 줄어든다. 그래서 헛헛한 느낌을 참을 수 없다. 뭐라도 대신 채워주기를 바란다. 한마디로 배가 고프다.

아무리 먹어도 채워지지 않는 허기

"선생님, 요즘 이상하게 먹을 것이 당겨요. 그냥 일 없이 집에 있는 날에는 밥을 하염없이 퍼먹어요. 전에는 식욕이 없어 힘들었는데 요즘은 완전히 반대예요. 하루 종일 입이 심심하고 배가 고파요."

상담을 온 젊은 여성은 대인관계에 지나치리만큼 민감하고 작은 일에 상처를 잘 받아 숨기를 반복한다고 했다. 자신의 존재감 자체를 너무 작게 느끼며 몹시 우울해했다. 그녀는 겉으론 별 무리 없이 사회생활을 했지만, 오랫동안 사람들과 긴밀한 관계를 형성하지 못해 몹시 의기소침해진 상태였다.

"바쁠 때에는 배가 고픈 줄 몰라요. 그런데 집에 돌아오는 길에 갑자기 배가 고파져요. 문에 붙은 전단지의 음식이 다 맛있어 보여요. 다이어트를 생각하면 말도 안 되는 걸 알지만……."

"어떤 음식이 특히 생각나죠? 고기?"

"이상하게 밥, 빵, 국수 같은 그런 것들이에요. 한밤중에 롤케이크 한 줄을 다 먹은 적도 있어요. 그런데 더 이상한 것은요, 위는 빵빵하게 차서 숨도 쉬기 힘든데 여전히 배가 고프다는 거예요. 왜 그런 건가요?"

이런 행동은 흔히 존재적 공허감, 대상에 대한 굶주림을 현실의 음식으로 대신 보상하려는 데서 발생한다. 사람들은 본능적으로 치열한 삶에서 살아남기 위해, 상처받지 않기 위해, 사람과의 관계에서 거리를 두고 이해타산을 따져 행동한다. 이런 부득불한 상황이 기묘한 배고픔을 유발하는 것이다. 더 큰 문제는 이런 배고픔은 먹는다고 해결되는 게 아니라는 것이다. 위장이 비어서가 아니라 마음속의 한 공간이 비어 있고 음식은 그걸 채워줄 수 없기 때문이다.

이를 두고 미국의 학자 로저 굴드(Roger Gould)는 유령허기(phantom hunger)의 전형적인 증거로 정서적 허기(emotional hunger)라고 이름을 붙였다. 또한 이것은 음식중독이자 다이어트의 최대 적이라고 하였다. 그는 정서적 허기를 열두 가지 타입으로 분류하였는데 화가 날 때, 우울하거나 불안할 때, 지겹거나 외로울 때, 가까운 사람과 갈등이 생길 때 배가 고플 수 있다. 자신에게 상처를 준 사람에 대한 기억이 떠오르거나 그 사람에 대한 복수심, 당시에 대한 후회가 밀려올 때도 배가 고프다. 반대로 갈등이 있던 친구와 화해할 때, 누군가와 아주 가까워졌고 그를 믿을 수 있다고 느낄 때 시도 때도 없던 배고픔은 사라진다.

그런 의미에서 사람은 두 개의 위장을 갖고 있다: 하나는 보이는 위장이고 다른 하나는 유령위장(phantom stomach)이다. 원래 위장이 비면 뇌의 식욕중추는 '배가 고프다'라고 느끼고 음식물을 섭취하고 싶은 욕구와 행동을 조장한다. 그런데 유령위장은 위장이 비었을 때 작동하는 것이 아니라 정서적으로 흔들릴 때, 뭔가 결핍되었다고 느낄 때 '고프다'라는 신호를 뇌에 보낸다. 이후의 작동기제는 진짜 위장이 비었을 때와 같다.

진짜 위장이 비었을 때는 밥을 먹어 배고픔의 공습경보를 풀지만, 유령위장이 비었을 때에는 아무리 먹어도 만족감을 느끼지 못한다. 이는 곧 과식의 원인이 된다. 그렇지만 당장 이 유령위장을 채울 다른 대안이 없는 상황에서 할 수 있는 것은 음식으로 위를 채우는 일뿐이고, 결국 채워지지 못한 유령위장은 공복감의 비명을 계속 지르게 된다. 정서적 허기의 아픔은 여기에 있다.

관계의 헛헛함을 채우는 초코파이 한입

그런 의미에서 초코파이는 헛헛한 관계의 허기짐을 채워주는 정의 중간대체재쯤으로 볼 수 있다. 쓸데없는 방어벽을 쌓는 데 들이는 에너지 낭비 없이 진짜 정을 쌓는 관계가 어려워질수록, 충동적인 배고픔은 내 위장을 통해 마음을 자극한다. 당장 그 정서적 배고픔을 치유할 수 없으면 '꿩 대신 닭'으로라도, '설탕 대신 아스파탐'으로라도 해결해야 하는 법.

'말하지 않아도 알아요. 눈빛만 보아도 알아요. 그냥 바라보면 마음속에 있다는 걸……'

초코파이의 광고 음악과 이미지는 마음이 배고픈 이의 머릿속에 자연스럽게 떠오른다. 노랫말이 너무나도 잘 '공감'과 '이심전심', '정'의 핵심을 찌르고 있으니 말이다. 그래서 찾아서 먹게 되는 것이 초코파이다. 헉슬리의 『멋진 신세계』에서 사람들은 '소마'라는 음식에 이유없이 행복함을 느꼈다. 21세기 한국의 도시를 지배하는 소마는 초코파이다.

왜지 모르게 외롭고 우울한데 전화할 사람 하나 없을 때, 친구가 생일에 부르지도 않을 때, 믿었던 거래처 사람이 느닷없이 배신할 때, 가방 안에서 초코파이 하나를 꺼내 베어물어 보자. 일단 급한 허기는 가실 것이다. 배가 너무 고프면 성질만 나빠지고 후회할 일을 저지를 공격성만 도도해질 위험이 있으니까.

나 역시 외래진료실이나 연구실 구석에 초코파이나 초코바 한두 개를 늘 챙겨둔다. 갑자기 오는 저혈당을 대비해서다. 저혈당과 그로 인한 짜증은 꼭 배가 고파서 오는 것이 아니다. 때로는 환자들의 정서적 허기가 내 안의 정서적 결핍과 맞닿아 급격한 공복감을 조장하기도 한다. 이때의 응급치료제는 바로 초코파이 한입이다.

밥을 먹고 난 다음에도 이유 없이 배가 고플 때에는 머릿속에 떠오르는 사람에게 전화를 걸어 서로의 존재를 확인해 보는 것도 좋겠다. 배고픔은 자연스레 사라질 것이다. 그런데 상대방이 까칠하게 반응해서 머쓱해지거나 연락이 되지 않을 때에는 초코파이라도 베어물자. 그리고 기다리자. 포기하지 말고 기다리며 다른 사람을 찾으면 된다. 초코파이 한 상자를 다 먹기 전에.

기러기 아빠, 자아실현의 자폭 현상

이 시대의 가족자아

캐나다에서 연수할 때, 연구소에서 세미나를 같이 하던 현지인 동료가 물었다. 요즘 한국 사람들이 영어를 공부하러 많이 오는데 좀 이상한 점이 있다는 것이다.

"왜 엄마와 아이들만 와 있어? 너희는 안 그렇잖아."

나는 그 친구에게 아빠는 한국에서 돈을 벌어서 부치고 아이들과 엄마만 와서 학교를 다니는 것인데 한국에서는 그런 아빠를 '기러기 아빠'라고 부른다고 설명해 주었다. 그러자 그는 "그래? 나는 별거 중인 줄 알았어. 그런 사람이 하도 많아서 별거나 이혼을 하면 캐나다로 떠나는 게 요즘 한국에서 유행인 줄 알았지. 내 아이 친구 엄마도 한국에서 왔는데 궁금했었거든"이라고 했다.

그전까지는 특정 지역 초등학교의 반 정도가 한국 사람이라는 말을 들어도 별 대수롭지 않게 생각했다. 한국에서 기러기 아빠와 조기유학은 거스를 수 없는 대세이고, 교육에 관심 있는 중산층에게 조기유학은 '해야 하나'라는 고민의 문제가 아니라 경제력만 된다면 '꼭 해야 하는' 필수가 되어 있는 게 현실이었기 때문이다.

나는 한국으로 돌아오기 몇 달 전부터 한국인 가족과 만나면 같은 질문에 시달려야 했다.

"혼자 돌아가시죠?"

가족들은 1~2년 정도 더 남기로 결정하고 한쪽 부모, 특히 아빠만 한국으로 돌아가는 것이 캐나다 한인 사회의 흐름이었다. 나는 일찍부터 '나만 힘들게 살 수 없다'는 생각에 온가족 귀국을 독단적으로 결정하여 아내의 원성을 사고 있었다. 그러나 아이들의 영어 실력이 하루하루 느는 것을 보면서 마음 한구석으로는 망설이기도 한 것이 사실이다. 그런데 그 친구와 말을 하고 나니 이건 좀 독특한 현상이라는 생각이 퍼뜩 들었다.

조기유학에의 유혹

그저 내 주변에서만 눈에 많이 띄는 현상일지도 모른다는 생각에 통계자료를 뒤져봤다. 해외 조기유학생 수가 2002년만 해도 1만 명 수준이었는데, 2006년에는 무려 세 배나 늘어났다. 1999년과 비교하면 열다섯 배가 늘어난 수치란다. 거기다가 유학과 연수 목적으로 외국에 나간 학생의 수가 10만 명을 넘어섰다고 하니 한 집 걸러 한 명쯤은 유학생이 있는 상황이라 할 만하다.

한국 교육에 환멸을 느끼는 사람이 이리 많은 줄 몰랐다. 흔히 부모가 물려줄 자산은 오직 질 좋은 교육뿐이라고들 한다. 궁핍하고 힘들게 살면서도, 가족간의 살가운 애정마저 포기하고 교육에 모든 것을 투자하는 이유를 외국인들은 잘 이해하지 못한다. 그런다고 아이들이 행복하게 잘살게 된다는 보장도 없다. 그런데도 그런 결정을 하는 이유는 뭘까. 정말 순전히 아이들 때문일까. 아니다. 부모의 환상을 현실화하려는 것이다.

자식에게 투자하는 것만큼 확실한 것이 없다고들 얘기한다. 대졸자가 80퍼센트를 넘는 요즘, 386세대 부모들의 고민은 교육이다. 80년대 학번들인 이들을 일컬어 인문학적 책읽기를 한 마지막 세대라고도 하고, 학창시절 불합리한 세상과의 투쟁을 마다하지 않던 세대라고도 한다.

이들이 30대 중반을 넘어선 지금은 어떤가. 사회보다는 자기 자식에 대해 더 많은 관심을 기울인다. 이들이 사회의 중추 세력이 되면 윗세대보다 조금은 진보적일 줄 알았다. 그러나 오히려 강남 엄마 따라잡기에 바쁘고 그 선봉에 서서 조기유학, 어학연수, 고액과외 같은 교육 열풍을 선도한다. 이런 기형적인 교육 열풍은 역병과 같이 전국으로 퍼져나갔다.

여기에는 인터넷 커뮤니티의 활성화도 한몫했다. 어디에서나 인터넷을 통해 정보를 쉽게 얻을 수 있고 그 정보의 양은 매우 방대하다. 교육 열풍은 세대를 가리지 않을 뿐 아니라 서울과 지방을 가르지도 않는다. 어떤 점에서 지방에 거주하는 부모들은 더 예민하게 반응한다. 상대적 박탈감이 더 크기 때문에 좀 더 아이에게 열성적으로 집중하는 것이다.

나 같은 사람은 이런 현상을 '상대적 박탈감'이라고 부른다. 한국 사회에서 '상대성'이라는 말은 강력한 힘을 갖고 있다. 이 사회에서 모든 것은 절대값이 아닌 상대성으로 평가받는다. 언제 어디서나 누군가와의 비교를 통해 나를 평가한다. 오직 나만을 생각하고 나만의 절대값을 갖고 있는 사람보다 비교를 통해 상대적인 나의 존재를 확인하고 안심하는 사람이 많은 사회다.

요즘 유행하는 명품 유모차가 좋은 예다. 청담동이나 압구정동을 다니면 외제차가 국산차보다 흔해 보이는 것처럼 명품 유모차를 끄는 사람도 그만큼 많아졌다. 이들 유모차의 가격은 100만 원을 호가한다. 이 또한 부모의 상대적 박탈감의 투사요, 아이를 통해 보상받고자 하는 심리의 발로라고 볼 수 있다. 명품 유모차 안의 아이는 유모차 가격만큼 가치 있을 것이고 그만큼 자기도 가치가 있다고 여기는 심리적 상승작용의 결과물이다. 영어 열풍보다 몇 년 먼저 유모차를 통한 상대적 구별짓기의 레이스는 이미 시작되었다.

부모의 박탈감은 아이들에게 여러 형태로 투사된다. 그 가운데 가장 두드러지는 것이 아이들의 교육에 기형적으로 목매는 현상이다. 학벌과 영어가 매 순간 인생의 족쇄로 느껴지고 아이들만은 그 족쇄에 얽혀서는 안 된다는 사명감이 커진다. 미래를 위해서는 현재의 괴로움이나 불편함 정도는 충분히 감수할 수 있다고 여긴다. 그래서 집 팔고 전세로 옮기고 월급의 대부분을 송금하고 열 평 남짓한 오피스텔에서 구차한 인생을 사는 것을 선택하게 된다.

왜 그럴까? 일본의 분석심리학자 가와이 하야오는『하루키, 하야오를 만나러 가다』에서 한국인은 가족을 자신의 자아와 동일시하는 가족자아(family ego)의 경향이 강하다고 했다. 반면 일본인은 자기가 속한 집단이나 자기가 하는 일의 영역을 동일시의 기초로 여기는 경향이 강하다. 기러기 아빠도 가족자아와 자신을 동일시하는 것이 밑바탕이 된다.

또다른 나, 그 이름 '자식'

이토록 희생적인 선택을 하는 이유는 바로 자식이 나의 분신이자 확장이라고 여기기 때문이다. 우리 사회만큼 나와 가족 사이의 경계가 분명하지 않은 곳은 없다. 흔히 '내 아이'가 아니라 '우리 아이'라 하고, '내 아내'가 아니라 '우리 와이프'다. 많은 부모의 마음 안에는 나란 자아의 바로 옆에 자식이 자리잡고 있다. 거기서 조금 떨어진 나와 우리 사이의 경계선쯤에 배우자가 서 있다.

부모로서의 나의 자아는 자식을 나의 손발쯤으로 인식해서 아이들이 잘되는 것을 자신이 잘되는 것으로 쉽게 오인한다. 성적이 나쁘게 나온 대학생 아들 대신 교수에게 항의하러 가는 것도, 아이가 혼나고 오면 교실로 쳐들어가 담임의 뺨을 때리는 것도, 아이를 너무 사랑해서가 아니라 부모의 자기애가 손상을 당했기 때문이다.

많은 부모들은 자식을 자기 밖에서 개별적으로 움직이는 독립적인 인격체로 인정하지 못한다. 그보다 아이를 자아의 확장으로 받아들이는 경우가 대부분이다. 그러니 '아이의 미래를 위해서'라는 이름으로 자신의 미래를 담보 잡혀서 고비용의 교육을 시킬 수 있고, 기꺼이 몇 년 동안의 가족해체를 감내하기로 결심할 수 있다. 나란 존재가 하지 못한 것을 확장된 자아인 자식이 대신 실현할 것이라고 굳세게 믿기 때문이다.

지금의 삶이 재미없고 만족스럽지 못할수록 아직은 가능성이 있어 보이는 자아의 한 꼭지를 찾아서 새로운 희망을 투자하게 된다. 문제는 피학적 희생과 가학적 공격성은 동전의 앞뒷면이요, 칼의 양날이라는 점이다. 부모들은 이런 행동의 이유를 오직 아이를 위해서 하는 희생일 뿐이라고 이타적 행동으로 설명한다. 그러나 이것은 희생이라는 이름으로 행해지는 자기애의 만족일 뿐이다. 그렇기 때문에 아이가 "그만 희생하세요"라고 말을 해도 그럴 수 없다.

문제는 근본적으로 아이는 부모의 희생을 바란 적이 없고, 고마워하지도 않는다는 것이다. 아이는 자라면서 자기만의 세계를 만든다. 이제 아이는 더 이상 식민지적 삶을 살지 않을 것이라며 부모에게 독립투쟁을 선언할 것이다. 이런 일을 당한 부모는 아노미에 빠지기 쉽다. 특히나 기러기 아빠와 같이 오랜 시간 너무나 많은 것을 희생했던 부모의 경우는 그 충격이 훨씬 대단할 것이다. 하지만 되돌리기에는 너무나 많은 것이 진행돼 버린 상태다. 어쩌겠는가? 후회도 들고, 경제적으로도 무척 어려워졌다. 아이들도 싫다고 돌아가고 싶다고 하지만 이미 관성의 힘은 거스르기에 너무 많은 대가를 요한다.

이미 20여 년 전 서양에서는 이런 현상을 두고 빈 둥지 증후군(empty nest syndrome)이라는 말을 만들어냈다. 이제 한국에서는 '닭 쫓던 개

증후군', '버림받은 열녀 춘향 증후군', '아낌없이 주는 나무 증후군'이라는 신종 용어가 등장할 판이다.

최선의 선택을 향한 인지부조화

문제는 더욱더 심각해지고 있다. 손실회피 심리로 차일피일 결정을 미루고 있는데, 투자한 대상의 가치는 빠른 속도로 하락하고 있다. 초기에 과감한 결단으로 자식을 조기유학 보내고 기러기 아빠 생활을 선택한 사람들은 꽤 높은 확률로 자식들이 외국의 좋은 대학에 들어가거나, 몇 년 후 한국으로 돌아와 탁월한 어학 실력을 밑천으로 입시나 취업에서 좋은 고지를 선점할 수 있었다.

그러나 시간이 흘러 MBA를 해도 그저 단순 경력 2년이 추가될 뿐이고 웬만한 대학원 졸업은 별다른 경력 사항도 되지 못하는 학력 인플레이션이 고착되었듯이, 조기유학 세계에서도 인플레이션이 발생해 버렸다. 더 이상 조기유학은 타인과의 경쟁에서 좋은 고지의 선점을 보장해 주지 않는다.

조기유학이 대중화된 사회에서는 기러기 아빠 사이에도 계급분화가 발생한다. 돈이 없어 자식들을 만나러갈 수 없는 '펭귄 아빠'와 철마다 아이들을 만나러가는 '독수리 아빠'로 나뉘는 것이다. 이 시점에 더욱 절박한 것은 펭귄 아빠다. 아이가 유학을 빨리 끝내고 돌아와 이 생활을 끝내고 싶을 뿐이다. 이게 무슨 고생인가 싶고 막차를 탄 것 같지만 자신의 고생을 다음 대에 물려주지 않기 위한 최선의 선택이라는 근거 없는 확신을 부여잡고 하루하루를 라면과 소주로 버틴다.

　외국에서 학생들을 대상으로 한 가지 실험을 실시했다. 재미없는 과제를 주고 한 번 할 때마다 1달러씩 주는 그룹과 20달러를 주는 그룹으로 나눴다. 한 시간이 지난 뒤 만족도를 물었는데 1달러를 받고 일을 한 그룹이 도리어 만족도가 높았다. 그 이유는 이들이 적절한 보상도 없이 재미도 없는 일을 해야만 하는 상황에서 처음부터 이 과제를 즐거운 일이라고 마음속에서 자신을 맞춰시켜 버렸기 때문이다. 1달러를 받은 학생들은 자신이 이 재미없는 일을 해야 하는 다른 이유를 찾을 수 없었다. 그래서 아예 '이 일은 의미가 있는 일이야. 이 일은 재미있어'라는 식의 태도를 갖도록 자기 마음을 변화시켰다. 반면 20달러를 받은 집단은 왜 이 일을 하는지에 대해 다양한 이유를 찾아야 했다. 하지만 그 이유 중에 '이 일은 재미있어'는 거의 없었던 것이다.

　사회심리학자 레온 페스팅거는 이런 현상의 이유를 '인지부조화'라 명했다. 그는 외계인에 의한 최후의 심판이 있을 것이라 믿는 소수 집단에 들어갔던 여인이 지도자의 예언이 틀렸다는 것을 심판의 날이 지난 후 깨달았음에도 여전히 그의 예언을 믿으며 다른 이유를 만들어내는 현상에 주목하였다. 이런 현상은 특정 사교집단에서만 발생하는 특수한 인지왜곡 현상이 아니라 사회 전반에 걸쳐 발견된다는 것이 이후에 다양한 실험을 통해 입증되었다.

　펭귄 급에 속하는 대다수의 기러기 아빠들은 지금 그런 최면을 걸고 있는 것은 아닐까. 가슴은 부글부글 끓고 속은 타들어가지만 머리만은 '아이들을 위해, 더 나아가 나 자신의 만족을 얻기 위해 매우 옳은 결정을 하였다. 지금의 고생은 미래를 위한 탁월한 투자다'라고 인지부조화를 교정하기 위한 주술을 읊고 있는 중일 것이다. 그래야 정말로 속이 확 타버려서 재만 남는 일을 막을 수 있기 때문이다.

"이번 달에도 다음 학기용으로 학교에 2만 달러를 송금했거든요. 그런데 이틀 후에 한국은행이 개입해서 환율이 내린 거예요. 앉은 자리에서 70만 원을 손해봤어요. 70만 원이면 여행이라도 갈 수 있는 돈인데……"

동료 교수가 아이를 미국 대학에 보낸 후 매 학기마다 환율에 울고 웃다가 최근에 한 얘기다.

"교수는 마이너스 통장 한도가 꽤 높더군요. 전에는 몰랐는데 매년 갱신하면서 알게 된다니까요."

월급만으로는 아이에게 보낼 학비가 부족한 월급쟁이 교수는 은행 돈으로 아이 학비를 마련하고 있었다. 일단 시작했으니 중간에 그만둘 수도 없는 노릇이라면서 개미구덩이에 빠진 기분으로 하루하루를 사는 피곤함을 맥주 한 잔과 함께 토로했다.

사회적으로 안정적인 수준의 벌이를 한다고 알려진 대학 교수도 '헉헉'대는데, 경기가 급락을 보이고 중산층이 붕괴된다는 요즘 그 붕괴의 서막이 기러기 아빠의 비명에서 시작될 것만 같아 섬뜩한 기분이 든다.

조기유학의 초기 멤버들은 이미 그 대열에서 이탈해 자기 인생을 즐기기 시작했다. 한편 아직도 많은 사람들은 망설이고 있다. 안 보내면 왠지 경쟁에서 뒤질 것 같은 조바심이 나는 가운데 지금 이 도시에서는 도저히 삶의 탈출구가 보이지 않고 이런 막막함이 대를 이을 것이 분명해 보인다. 더 큰 문제는 이런 좌절감을 가족해체를 감수해야 하는 피학적 희생을 통해 해결하려 한다는 점이다.

기대가 큰 만큼, 희생을 많이 감수한 만큼, 투자를 많이 한 만큼 돌아온 결과물에 만족하기란 점점 더 어려워진다. 더구나 투자한 대상에 대한 상대가치는 점차 떨어지는데 설상가상으로 결과마저 좋지 못하다면 그때 입을 자기애의 손상은 쉽게 치유하기 어려운 치명상이 되기 쉽다. 게다가 인생에서 가장 생산성이 좋은 시기, 황금기를 보내버리고 황혼이 깃든 시점이 되어버린다면?

이 모든 것을 알고 있음에도 여전히 '아이들을 한 번 보내야 하나'라는 고민이 사라지지 않는 이유는 이곳에서의 삶이 너무 힘들고, 시간이 지나면 좋아질 것이라는 희망도 보이지 않기 때문이다. 난파선에서 여성과 어린이를 먼저 구명보트에 태우듯이 한국의 기러기 아빠들은 한국이라는 배에서 아내와 아이들을 먼저 내보내는 기사도를 발휘하고 있는 것이다. 그나마 보낼 여력이라도 있는 것을 감사히 여기면서. 근거 없는 낙관 속에 희망을 좇아갈 수 있는 이들의 용기는 순교자적 자기희생의 21세기판 모델이 아닐는지.

피로,
학교로,
고향으로
뭉쳤다

자기확신감의 부족

"안녕하세요, 하지현 선배님 맞으십니까?"

"예…… 그런데요, 누구시죠?"

"안녕하십니까. W고등학교 ○○회 졸업, 서울의대 08학번 ○○○입니다. 제가 오늘 전화 드린 이유는 다름이 아니오라 동문회가 예정되어 있기 때문입니다."

앳된 목소리가 흘러나오는 전화를 1년에 한두 번은 받는다. 떨리고 긴장된 목소리로 내게 동문회 참석 여부를 묻는다. 내가 78회로 졸업한 학교는 역사가 오래된 곳이라 동문회를 하게 되면 머리가 희끗한 원로 교수급의 선배부터 솜털이 보송보송한 1학년 학생들까지 한자리에 모이게 된다.

20여 년 전, 의대 합격통지를 받고 1학년 선배의 손을 잡고 혜화동의 작은 중국집에서 열린 졸업생 환송회에 갔다. 첫 시작은 집 주소와 전화번호를 쓰는 것이었다. 왜 그런 것인지 의아했다. 그러나 몇 분 지나지 않아 몸으로 느낄 수 있었다. 수십 명의 선배 이름을 외워야 하고, 실수를 하면 벌주를 마셔야 하는 분위기에서 나는 얼마 지나지 않아 정신을 잃었고, 다음 날 아침 일어나보니 집이었다.

나름 끈끈한 동문애가 있는 학교라 눈에 보이게, 혹은 보이지 않게 끌어주고 정보를 통해 도움을 준다. 여기저기 다니다 보면 선후배들이 자리잡고 있는 것을 금방 알 수 있고, 그때부터는 일을 풀어가기가 비교적 쉬워진다. 특히 40대가 되니 그동안 친한 사람들끼리만 모이던 동문 모임이 외연을 넓혀가는 것이 눈에 띈다. 사회생활이라는 것을 하면서 어딘가에 단단히 엮여 있기를 바라는 마음이 나이가 들면 들수록 커지고 절실해지나 보다.

동문회, 해병대 그리고 부녀회?

몇 년 전 초면인 사람들과 어울려 술을 마셨다. 그런데 그 안에 해병대 출신이 한 명 있었다. 서먹하던 시간이 흐르고 혈중 알코올 농도가 오르면서 남자들의 '군대에서 축구하던 이야기'가 시작되자 조용히 앉아서 술만 마시던 그의 눈빛이 일순 달라졌다. 같은 자리에 있던 여성 한 명이 호기심에 "해병대에서 고무보트도 정말 타봤어요?"라고 묻자 그는 소주 한 잔을 목을 젖혀 탁 넘기고는 자신의 해병대 생활을 이야기하기 시작했다. 보통 해병대 출신들은 이야기를 시작하기 전에 몇 가지 특징적인 행동을 보인다. 그 역시 다르지 않았다.

"제가 2000년 입대한 군번인데요, 저보다 먼저 갔다오신 분 혹시 계신가요?"

만일 없다면 다음 레퍼토리가 시작된다.

"이건 보통 여자분들은 재미없을지 몰라요. 원래 군대에서 축구한 얘기가 남자들만 재미있어 하는 얘기라면서요. 아, 그리고 방위한 분도 재미없겠죠. 쪽팔리니까."

이때 얼굴 표정과 자세도 특징적이다. 약간 먼 산을 바라보는 듯 초점이 나간 표정을 몇 초간 지은 뒤 입을 연다. 처음에는 흥미롭게 듣다가도 누가 얘기하든 비슷한 그들 회고담의 천편일률성에 새삼 놀라게 된다.

2차 세계대전 때 수용소에 들어갔다 나온 사람들은 평생 그 트라우마를 안고 살아야 했다. 아우슈비츠의 생존자인 빅터 프랭클(Viktor Frankl)은 그 기억으로부터 해방되는 방법의 하나로 의미요법(logothe-rapy)을 제안했다.

모든 사람은 자신의 선택대로 스토리텔링을 만든다. 나름의 논리를 만들고 경험에 의미를 부여한다. 점차 기억은 정수만 남고 끔찍한 내용, 이해할 수 없고 불합리했던 괴로운 내용은 줄어든다. 그리고 '너희는 우리를 이해할 수 없어', '나름대로 나의 인생에 좋은 추억이었어', '군대를 갔다와야 사람이 돼'와 같은 중요한 의미를 부여함으로써 자신의 힘든 경험을 내재화하고 받아들일 수 있게 된다.

물론 정식으로 정신치료를 받는 과정을 거치면 지나친 일반화와 미화를 피할 수 있을 것이다. 그러나 대부분 의미치료적 과정을 자생적으로 하다 보니 같은 경험을 하지 못한 사람들은 이해하기 힘든 왜곡과 지나친 의미부여가 대동소이한 스토리텔링으로 구성·압축되는 일이 벌어진다. 어찌되었든 같은 스토리텔링을 가진 사람들이 똘똘 뭉치게 되는 것은 당연한 결과물인 것이다. 이런 사람들이 과거 경험의 한 덩어리를 시기를 초월해서 같은 내용과 의미로 공유하고 있다는 것은 대단한 결속력을 준다.

2005년 6월을 기점으로 1,000기를 돌파한 해병대는 전원 자원입대에 평균경쟁률이 3~5대 1이다. 재수나 삼수도 마다하지 않고, 2대째, 3대째 해병대인 집안도 수두룩하다. 이들은 '한 번 해병은 영원한 해병'이라는 끈끈한 유대감으로 뭉쳐 있고 이유를 불문하고 감싸안고 서로 밀어주고 당겨주는 관계를 형성한다.

이런 관계가 가능한 것은 원시 공동체적 유대감이 근저에 깔려 있기 때문이다. 원룸이 증가하고 단일세대가 늘어나고 간섭을 거부하는 청년들이 많아지는 도시의 삶에서 공동체적 유대감을 지향하는 이들은 진화가 덜 된 사람들인가, 아니면 변화에 적응하지 못한 낙오자들인가.

해병대만 그런 것은 아니다. "우리가 남이가"라는 문화는 한국 사회 전반에 깔려 있다. 향우회, 동문회, 동아리 인맥, 더 나아가 그 무섭다는 아파트 부녀회까지……. 팍팍하고 외로운 개별적 삶의 성긴 부분을 촘촘히 이어주는 네트워크의 힘이 대단하다. 늘 혼자여야만 하는 사회에서 유독 어딘가에 속해 있기를 바라는 사람들에게 이런 문화는 안정감을 줄 것이다.

존재의 재확인 과정, 우리의 심리학

이런 특성은 서양 문화에 비해 동양 문화에서 두드러진다는 연구들이 있다. 미국 미시간대학교의 심리학과 교수 리처드 니스벳(Richard Nisbett)은 『생각의 지도(*The Geography of Thought*)』에서 동양인과 서양인 사이에는 세상을 보는 인식의 차이가 분명히 있다고 주장했다. 특히 '나'와 '집단' 사이를 인식하는 것에서 차이가 드러난다. 동양인은 서양인에 비해 개인의 성공보다는 집단 전체의 목표 달성이나 화목한 인간관계를 더 중시한다는 것이다.

인류학자 에드워드 홀(Edward Hall)이 항상 자신을 남과의 관계라는 맥락 속에서 떼어놓고는 볼 수 없는 고맥락(high context) 사회라는 것을 규정하였는데, 니스벳은 동양이 그런 모양새를 보인다고 주장한다. 이 경우 소속 집단에 대해 강한 애정을 보이지만 자기 집단이 아닌 사람에 대해서는 멀게 느끼는 경향이 있다. 이에 반해 서양인은 아무리 소속된 집단의 구성원끼리라 하더라도 항상 일정한 거리를 두고 싶어한다. 그리고 자기 집단과 다른 집단을 그리 분명하게 구별하지 않는 경향이 특징적이다.

니스벳의 관찰은 공감되는 면이 많다. 한번은 외국인과 대화하다 "우리 딸이 감기에 걸렸습니다(Our daughter caught a cold)"라고 한 적이 있다. 그러자 상대방은 묘한 표정을 지으면서 "당신, 나랑 결혼해서 내가 애를 낳았나요?"라고 반문했다. 아무 생각 없이 '우리'라는 단어를 잘못 사용했다는 것을 깨닫고 얼굴이 화끈거렸다. 만일 내가 남자 외국인에게 "우리 집사람이(Our wife is)……"라고 말했더라면 상대방이 더욱 이상한 눈으로 나를 보지 않겠는가.

한국 사람은 '우리'라는 말을 좋아한다. 내 것임이 분명한데도 '우리 집', '우리 식구'라는 말을 하면서 너와 내가 심정적으로는 서로 섞여 있고 함께 나눌 수 있다는 것, 내가 지금 '내 것'에 대해 얘기하고 있지만 만일 어떤 상황이 벌어지면 그때는 언제든지 '내 것'을 '우리 것'으로 만들어 너를 도와줄 수 있다는 신뢰를 확인시켜 주려는 것이다.

'우리'라는 말을 먼저 해서 '너와 나는 남이 아니다'라는 전제를 깔고 서로 안심하며 경계의 수준을 낮춘다. 그만큼 한국 사람들은 '우리' 안에서 편안함을 느낀다. 심리학자 최상진은 사람들이 끊임없이 '우리'라는 것을 확인하고 하나의 집단을 만들고 함께 머물면서 한편임을 확인하려는 심리를 '우리성'이라고 이름 붙였다. 우리성의 특징은 하나가 되는 것, 동질성, 상호의존성이며 이것은 전통적 한국 가족 관계의 원형을 반영한다. 반대로 '우리가 아닌 사람'에 대한 배타성은 증대된다.

개인화 사회 속에서 마모되는 자기확신감

영화 〈말죽거리 잔혹사〉는 집단 압력이 개인의 가치관에 얼마나 강한 영향을 줄 수 있는지 보여주는 좋은 예다. 약간 덜떨어지고 공부에는 관심 없는 친구인 햄버거라는 인물은 학교짱인 우식과 친하기에 그의 암묵적 비호 아래 친구들에게 포르노 책을 몰래 팔았다. 그런데 어느 날 우식에게 인간적 모멸감을 경험하자 그의 대척점에 있던 선도부장 종훈의 편에 선다.

종훈의 패거리에 들어가게 된 햄버거는 며칠 후부터 전혀 다른 사람이 된다. 약간은 비굴하게 굽신거리며 남의 눈치를 살피던 전과는 달리 고개를 딱 쳐들고 어깨를 부딪히면서 눈을 부라리며 다닌다. 선도부장의 패거리가 되자 열등생에 포르노 책이나 팔던 비루한 인생에 광명이 온 것이다. 학교의 엄호를 받으며 선을 행하는 당위성까지 갖게 되었으니 햄버거의 자아는 팽창할 대로 팽창했다.

이 부분은 나약한 개인이 강한 집단에 소속되면 그 집단의 힘을 물려받아 자신도 같은 힘을 갖게 된다는 자기효능감이 생기는 메커니즘을 잘 보여준다. 〈반지의 제왕〉에서 절대반지는 어찌 생각해 보면 이런 무한대의 절대적 힘을 한 개인에게 심어주는 상징적 약속과 같다고 할 수 있다.

힘없는 존재가 자신이 약하다는 것을 인식하면 힘을 키우는 방법의 하나로 강한 집단에 소속되고자 노력하게 된다. 그래야만 편안함을 느낄 수 있기 때문이다. 그러나 '나'를 오롯이 '오직 나뿐인 나'라는 특별한 정체성과 개성을 가진 완전체로 인식할 수 있다면 굳이 어떤 집단에 속할 필요성을 느끼지 못한다. 이런 사람들은 집단의 논리와 나의 판단이나 선택이 부딪힐 때 집단의 선택을 무작정 따라가지 않는다. 차라리 그 집단과 결별하겠다는 결기로 부딪혀보거나 집단의 선택을 바꾸도록 노력한다. 그러나 자기확신감이 약하다면 집단의 확신감(group-confidence)을 대신 채우게 된다.

고등학교 때 조금은 어벙해 보이던 친구가 덩치가 크다는 이유로 선배들에 이끌려 학교 내 폭력집단에 들어가게 되었다. 이 친구는 몇 달이 지나지 않아 다른 친구의 돈을 뺏거나 선배의 지시로 폭력을 거리낌 없이 행사했다. 자신의 빈약한 초자아를 폭력집단의 우두머리의 지시와 집단의 폭력적 논리로 대체한 것이다. 그러니 그런 행동을 하면서 미안해하거나 잘못된 행동을 했다고 여기지도 않고, 그 집단이 강한 만큼 자기도 강하다고 착각하며 지내게 된 것이다.

자기확신감이 없는 사람일수록 강력한 집단이 갖는 힘을 자기 것으로 만들어 향유하는 데 거리낌이 적다. 별다른 저항을 하지 않고 집단논리를 백 퍼센트 자기 것으로 흡수한다. 집단의 논리나 지향점이 분명할 때, 혹은 집단의 소속감이나 응집력이 단단할수록 큰 존재감을 경험한다. 이는 강력한 안전감(security)과 자아팽창으로 이어진다.

인간은 뭔가 모자라는 것이 있으면 본능적으로 채우려 애쓰는 존재다. 개인화로 인해 독립성이 강해지고 반대로 공동체적 삶이 주는 정서적 포만감에는 결핍이 발생하면서 사람들은 이 결핍을 채우기 위해 어디에든 속하고 싶고, 혹은 속한 공동체를 전면으로 내세워 안전망으로 삼고 싶어한다.

그렇기에 사람들은 기회가 되면 뭉친다. 하지만 직장이나 학교와 같은 공적인 관계, 동문회나 향우회 같은 고전적 인간관계의 얽매임에서 오는 피곤함은 괴롭다. 그래서 대안을 찾는다. 인터넷 동호회의 활성화가 좋은 예이다.

여기서 사람들은 동호인의 실제 삶에 대해 궁금해하거나 묻지 않는다. 맛, 자전거, 영화와 같은 공통관심사에 대해 토론하고 만나서 함께 즐길 뿐이다. 아이디를 이름 대신 부르며, 상대방의 사적인 정보를 알아내려 애쓰지 않는다. 경험적으로 서로가 개인사를 필요 이상 노출해서 피곤하게 엮이고 싶어하지 않는다는 것을 알고 있다.

이들 모임의 강력한 무기는 만나면 즐겁고 헤어지면 거기서 끝인 사이버 공간의 '쿨'함과 익명성의 보장이다. 괴로움을 비껴가며 원하는 소속감의 갈증을 풀 수 있는 사이버 공간이 이들에게는 얼마나 고맙고 소중하겠는가? 이제는 해병전우회가 더 이상 부럽지 않다.

집단 거주형 동물들은 무리에서 쫓겨나는 것에 대해 원초적 불안을 갖고 있다. 무리에서 쫓겨난 사자는 더 이상 사냥할 수 없다. 발톱과 이빨이 없는 호모 사피엔스에게 무리 안에 있어야 한다는 대명제는 더 깊고 굵게 유전자에 각인되어 있을 것이다. 그래서 개인주의를 지향하며 독야청청 살고 있는 나는 오늘도 컴퓨터를 켜고 동호회의 게시판에 열심히 댓글을 달고 혹시 정모(정기모임)가 있지 않나 운영진에게 쪽지를 보낸다. 그리고 아무리 바쁘더라도 1년에 한 번 있는 동문회에 빠지지 않기 위해 몇 달 전부터 날짜를 표시해 놓고 우선순위 맨 위에 올려놓는다.

이런 면은 세칭 '고양이형 인간'들에게도 예외는 아니다. 이 부류의 인간들은 누구 못지않게 혼자 있는 것을 좋아한다. 나만의 세계 안에서 편안함을 즐기는 나름 튼튼한 자아를 갖고 있다는 인물군이다.

그러나 아무리 혼자 서려는 욕구가 강해진다 해도 안정적 집단에 속해 있어야 한다는 불안감은 사라지지 않는다. 단체에 소속되어 있다는 사실은 아마도 나라는 영장류 동물이 예측하지 못할 사건에 대비해 지불하는 모종의 보험금 납입과 같은 것이 아닐까? 그러니 조직에 속해 있다 보면 생길 수밖에 없는 아니꼽고 치사한 일에 너무 분노하지 말자. 언젠가 보험을 탈 일이 생길 수 있을 터이니 말이다. 그냥 보험금 한 번 '세게' 냈다고 여기면 메스꺼운 속에 위장약 한 병 먹은 효과는 날 것이다.

도시 심리학

초판 1쇄 2009년 5월 30일
초판 12쇄 2016년 4월 30일

지은이 | 하지현
펴낸이 | 송영석

편집장 | 이진숙 · 이혜진
기획편집 | 차재호 · 김정옥 · 정진라
외서기획 | 박수진
디자인 | 박윤정 · 박새로미
마케팅 | 이종우 · 한명회 · 김유종
관리 | 송우석 · 황규성 · 전지연 · 황지현

펴낸곳 | (株) 해냄출판사
등록번호 | 제10-229호
등록일자 | 1988년 5월 11일

04042 서울시 마포구 잔다리로30 해냄빌딩 5 · 6층
대표전화 | 326-1600 **팩스** | 326-1624
홈페이지 | www.hainaim.com

ISBN 978-89-7337-024-5